教育部"国培计划"中小学名师领航工程吴爱姣中学英语名师工作室新教材研习成果

基于"润心英语"教学主张的
高中英语阅读教学设计

吴爱姣◎主　编

陈　雅　王　英　张青宁　陈　琦　宿慧美◎副主编

安徽师范大学出版社

ANHUI NORMAL UNIVERSITY PRESS

·芜湖·

图书在版编目(CIP)数据

基于"润心英语"教学主张的高中英语阅读教学设计 / 吴爱姣主编 .— 芜湖：安徽师范大学出版社,2024.9

ISBN 978-7-5676-6285-8

Ⅰ.①基… Ⅱ.①吴… Ⅲ.①英语课—教学设计—高中 Ⅳ.①G633.412

中国国家版本馆CIP数据核字(2023)第169051号

基于"润心英语"教学主张的高中英语阅读教学设计　　　　　　　　吴爱姣◎主编

JIYU RUNXIN YINGYU JIAOXUE ZHUZHANG DE GAOZHONG YINGYU YUEDU JIAOXUE SHEJI

责任编辑：晋雅雯　　　　　　　责任校对：李晴晴

装帧设计：王晴晴　汤彬彬　　责任印制：桑国磊

出版发行：安徽师范大学出版社
　　　　　芜湖市北京中路2号安徽师范大学赭山校区

网　　　址：http://www.ahnupress.com/

发 行 部：0553-3883578　5910327　5910310(传真)

印　　　刷：江苏凤凰数码印务有限公司

版　　　次：2024年9月第1版

印　　　次：2024年9月第1次印刷

规　　　格：700 mm×1000 mm　1/16

印　　　张：14.75　　　插　页：2

字　　　数：237千字

书　　　号：ISBN 978-7-5676-6285-8

定　　　价：68.00元

本书编委会

主　编：吴爱娇

副主编：陈　雅　王　英　张青宁　陈　琦　宿慧美

成　员：王　英　王敬干　卢晓华　刘碧珠　李　玥　李贤金

杨　飞　吴爱姣　吴聪燕　何　琦　张青宁　陈　敏

陈　琦　陈　慧　陈　雅　林少君　周光丽　段淑芬

高　峰　黄桂红　章晨蕾　宿慧美　谢克霞　谢晓红

谭美丽　蔡　慧

教育部中小学名师名校长领航工程首期名师领航班
吴爱姣中学英语名师工作室授牌仪式
暨"聚焦思维培养·创新教学设计"主题论坛
主办：中华人民共和国教育部
华东师范大学
海南省教育

教育部中小学名师领航工程吴爱姣英语名师工作室西南大学东方实验中学研修活动

前　言

在基础教育课程改革背景下，高中英语的课程目标、课程性质、教学方法、教学内容等都发生了重要转变，专家学者和一线教师们提出了许多新思路、新理念，但在实践过程中仍存在许多问题，主要包括以教师教为核心、以应试为目的的传统教学理念还没有彻底改变；教学内容缺乏对语篇文本的深入分析，导致课堂教学模式化、表层化，无法触及学生的内心，引发学生共鸣；忽视语言与语用融合，无法让学生形成能力；忽视对主题意义的探究与思维的培养，无法引导学生构建对主题的系统认知，从而形成价值判断，提高思维能力等。因此，英语课程改革仍需教师们不断地探索、实践、调整、完善。

进入新时代以来，为落实党的十八大、十九大关于立德树人要求，进一步深化基础教育课程改革，教育部组织260多位专家对普通高中课程方案和14门学科课程标准进行了修订，历时4年已全部完成，经国家教材委员会审查通过，于2017年底印发。新的课程方案和课程标准体现了鲜明的育人导向，思想性、科学性、时代性、整体性等明显增强。其中《普通高中英语课程标准（2017年版2020年修订）》（以下简称"新课标"）指出："普通高中英语课程具有重要的育人功能，旨在发展学生的语言能力、文化意识、思维品质和学习能力等英语学科核心素养，落实立德树人根本任务。"此后，广大英语教师接受了多轮次的新课标培训，并围绕培养学生英语学科核心素养、落实英语学习活动观、设计大单元教学等展开了课堂教学改革与研究，取得了一定的成效。

　　教育部"国培计划"名师名校长领航工程吴爱姣中学英语名师工作室于2019年9月28日挂牌成立。主持人吴爱姣老师携工作室成员，以海南省高考综合改革全面推进、新课程新教材全面实施为契机，践行新课标理念，于2021年提炼形成"润心英语"教学主张，致力于打造充满文化内涵、富有生命张力、触动学生心灵的英语课堂。

　　在"润心英语"教学主张的引领下，工作室成员开展新教材研习活动，撰写同步教学设计，执教工作室内外各级各类研讨课、公开课，并在此基础上集结形成《基于"润心英语"教学主张的高中英语阅读教学设计》一书。本书的教学设计立足教学实践，贴近师生教学实际，既契合新课标理念，又彰显工作室的教学主张，希望能为广大高中英语教师备课、教研提供有益参考。

目　录

第一章　吴爱姣中学英语名师工作室简介

一、主持人简介

　　吴爱姣，海南中学教务科副科长，正高级教师，特级教师，海南省"南海系列"南海创新人才，海南省拔尖人才，教育部"国培计划"名师名校长领航工程首批名师班学员，吴爱姣中学英语名师工作室主持人，海南师范大学校外研究生导师，海南省教育学会中小学外语专业委员会理事。主持或参与省级以上课题研究结题11项，主持全国教育规划教育部重点课题"中国中小学分级阅读体系标准研制"的子课题"'持续默读'与'应试阅读'在提升高中生英语阅读素养方面的对比研究"，并获得优秀成果奖，主持生活化高中英语教学提升学生自主学习能力的实践研究，获海南基础教育教学成果二等奖；发表教育教学论文10多篇，其中，《外语教师教学能力发展途径》收录于《2016中国基础外语教育年度报告》；参编《聚焦核心素养的课堂教学设计与实施》《英语学习导航必修2》等多部著作；指导青年教师参加省级以上教学评比获奖6人次，指导学生参加全国创新英语大赛、模拟联合国大会等获奖60多人次。央视网教育频道、海南日报发表过《吴爱姣名师工作室：打造充满文化内涵富有生命张力触动心灵的英语课堂》《躬耕杏坛敢担当》《名师领航树教学标杆》等文章对她及其工作室进行宣传报道。

二、工作室简介

吴爱姣中学英语名师工作室于 2019 年 9 月 28 日挂牌成立。工作室有顾问 3 人，核心成员 13 人，外围学员 37 人。核心成员中高级教师 11 人，一级教师 2 人，特级教师 2 人，学科带头人 3 人，省级骨干教师 4 人；外围学员中有省级骨干教师 6 人。

工作室采取三级塔式架构，下设中、西、南、北四个片区子工作室，由核心成员担任子工作室主持人和导师。外围学员依据片区整合、能力互补、兴趣一致的原则，划入四个子工作室，由四位导师具体指导。子工作室有独立的组织架构，在主持人的引领和指导下轮流策划、组织工作室活动。

工作室以"提升自我，成就学生，助推同伴，领航未来"为研修理念，采用立体多维研修模式，即"理论+实践""线上+线下""省内+省外""既定+临时"学习任务相结合，给学员创造多层次、全覆盖的学习、研讨、交流、实践机会。

工作室的研修课程聚焦教育前沿热点，帮助学员了解最先进的教学理念，掌握扎实的理论知识，形成自己的教学主张。在这一过程中，工作室的教学主张逐渐从碎片化走向整合化、系统化，形成"润心英语"教学主张。

"润心英语"致力于打造充满文化内涵、富有生命张力、触动学生心灵的英语课堂。其实施路径为"以文化人，润心启智益行；以言致事，得语得意增能"，倡导在教学中教师要引领学生深析文本、理解主题知识、挖掘主旨要义、形成价值判断，达到以"文"化人、触动心灵、启迪智慧的目的，强调教学活动设计要链接生活，让学生在具体生活情境中用英语做事，在做事的过程中学习语言、运用语言表达生活，从而深度理解语篇所蕴含的文化内涵、处世智慧，达到提升认知、增长才干、智慧处世的目的。育"德"与育"能"二者融合，实现 Enlighten（启智），Empower（赋能），Enact（益行）。

自工作室成立以来，工作室成员主持课题34项，在省级以上刊物发表论文37篇。陈雅主编《英语语法微写作》，吴爱姣参编《聚焦核心素养的课堂教学设计与实施》。工作室成员执教公开课57节，做主旨报告60场，其中，宿慧美、吴聪燕执教的公开课在由北京师范大学外国语言文学学院指导，海南省教育厅主办的"2021年核心素养背景下指向深度学习的英语阅读教学研讨会"上获得专家同行的高度认可。工作室心系教育条件相对薄弱的地区和学校的英语教育，组织成员赴海南省定安、乐东、东方、万宁、澄迈、儋州等市县，重庆市永川区等地送教送研，做报告12场，上示范课19节，上教学诊断课22节，深受当地教师欢迎。

经过近年来的研修学习，工作室成员们在师德涵养、专业素养、教学技能方面得到全面提升。吴爱姣等4名成员晋升正高级教师，章晨蕾等2名成员获"省级学科带头人"称号，王英被评为"全国优秀教师""海南省特级教师"，并于2022年入选教育部"国培计划"名师名校长领航班第二批名师班学员，多名成员被聘为各个学术团队的专家、导师。而且，工作室期满考核"优秀"。一支具有德性示范力、学术引领力、实践召唤力的英语教师品牌团队正在引领海南省英语教育教学的改革与发展。

第二章 "润心英语"教学主张及课例分析

一、"润心英语"教学主张的形成

语言不仅是一套符号系统，也是一种交流的工具。同时，它也是思维的外显，文化的载体，一种社会现象。然而，不少英语教师把英语当作一套符号，认为学生只要背会单词，会用语法规则将词汇串联起来就可以实现沟通交流。但事实往往却是学生即使记住了单词，也会由于忽略语用功能而不能正确使用它们，从而不能深刻理解所学习的主题内容及知识。在上一轮的课程改革中，许多英语教师努力探索提升学生综合语言应用能力的路径，提出了许多新的教学理念与方法。

吴爱姣老师在上一轮课改中提出了"生活化教学"的理念，认为教学设计要源于生活、基于项目、启迪思维、提升素养，即教学中通过整合教材、精心设计，使得教学内容、教学环节、教学活动贴近生活情境，让学生在生活中学英语，学生活中的英语；主张运用"项目教学法"，让学生在完成项目、分享项目成果的过程中，将语言知识与实际技能相结合，通过合作、探究、创新，解决生活中的问题以发展能力，提升素养；强调通过辨认、联想、分析、综合、推理、预测、评价、再创造等心理活动的教学活动设计，培养学生的逻辑思维、批判性思维、创新思维能力，并融入其他的辅助性英语学习活动，如课外阅读等，培养学生综合语言运用能力，帮助他们形成正确的价值观，从而转变行为。

"生活化教学"在一定程度上契合新课程改革的理念，但过于宽泛、零散、没有形成体系。为此，工作室自2019年9月新教材正式启用以来，根据成员们的教学进度，组织了一系列的新教材研习与课例研究活动，践行新课标理念的同时不断完善自己的教学主张。新教材研习活动主要围绕人教版、外研版高中英语新教材的单元阅读课进行。活动流程为：集体备课/个人备课+代表说课/择优说课+导师点评+后续改进+课例研究。来自全省各地的成员集体备课、实践改进，既加深了成员对理论的理解与应用，也促进了成员的常规教学，为工作室积累优秀教学设计与课例奠定基础。在不断的研习过程中，成员们逐步认识到优秀的英语课不仅要关联生活实际，更要触动学生心灵，才能达到润心启智、增能益行的目的。那么，如何使英语课堂富有内涵、触动学生心灵、促使学习发生、对学生产生影响？成员们围绕英语阅读教学从多个角度对这些问题开展研究并形成一系列的科研成果，具体包括《基于"英语学习活动观"的阅读活动设计行动研究》《基于核心素养培养初中生英语"深度阅读"能力的策略研究》《基于学生思维培养的高中英语深度阅读教学实践探索》《基于学生思维品质培养的高中英语深度阅读教学实践探索》《阅读圈教学法在高中英语读写结合活动中的应用研究》等。在这些研究的基础上逐步形成"润心英语"的教学主张。

二、"润心英语"教学主张的内涵与特点

"润心英语"致力于打造充满文化内涵、富有生命张力、触动学生心灵的英语课堂，让学生在学习语言的同时发展能力、提高素养，体会学习的快乐，促进学业的进步。"润心英语"坚持"以文化人，润心启智益行；以言致事，得语得意增能"。所谓"文"，即语篇、文本及其所蕴涵的文化内涵、价值取向。在教学中教师要深度分析语篇，引领学生深析文本、理解语篇的主题知识、挖掘语篇的主旨意义、形成自己的价值判断，达到以"文"化人、滋养心灵、启迪智慧、引起共鸣、增益行为的目的。所谓

"言"即英语这门"语言"。以"言"致事，是指在英语教学中，通过精心设计的教学活动链接生活，让学生在生活情境中分析问题、解决问题、表达生活，在做事的过程中学习语言、运用语言，从而深度理解语篇的文化内涵、蕴含的做事智慧，达到提升认知、增长才干、智慧处世的目的。上句重育"德"，即价值观与品格；下句重育"能"，即关键能力。二者融合，达到润心、启智、增能、益行的目的，实现英语学科培养具有国际视野和跨文化沟通能力的社会主义建设者和接班人的目标。该主张下的英语课堂具有生活化、结构化、整合化、生本化的特点。

第一，生活化。教学活动设计链接生活，使学生置身生活情境，运用所学解决生活中的问题，有利于培养学生的迁移、应用、创新能力。

第二，结构化。教学中引导学生深挖文本主题意义，使得学生对主题内容的学习系统、深入、有逻辑，关联旧知，构建对主题的新知，从而形成个人价值判断，指导自身行为。

第三，融合化。主题内容学习与语言学习、思维培养等融为一体。语篇研读要挖掘文本内在逻辑与语言功能，助力学生思维发展与语言能力、解决问题能力的提升。

第四，生本化。活动设计要立足学生现有水平，以学生为中心，链接学生个体经验，使学习真正发生，使思考触及学生心灵，引发学生共鸣。

以下以工作室成员宿美慧老师的课例，分析基于"润心英语"教学主张的高中英语阅读课的特点。该课例为其参加海南省高中英语课堂教学评比的赛课课例。此次教学评比的主题为"落实新课标理念，指向学科核心素养培养"。宿美慧老师结合新课标教学理念和工作室的教学主张，反复说课、磨课，最终在比赛中勇夺桂冠，之后在全国高中英语教学评比中展示，又获得专家的一致好评。

三、"润心英语"教学主张的课例分析

"润心启智"促核心素养落地
——The good,the bad and the really ugly 阅读课例分析

教学内容：

上海教育出版社《英语》必修第一册 Unit 3 Choices 单元中的阅读文本 "The good, the bad and the really ugly"。

教学理念：

1.单元整体教学。新课标提出，"以学科大概念为核心，使课程内容结构化，以主题为引领，使课程内容情境化"。学科大概念重视单元整体教学的培养方向和学习结果表现，课堂教学从重视单一知识点、关注某一节课课时目标的"碎片化"教学转向具有整体性、综合性、系统性的"大单元"知识结构体系。教师在备课时，应考虑单元整体大观念，同时要注重不同语篇之间的衔接与联系，通过引导学生学习不同语篇形成"小观念"，最后形成单元整体的"大观念"。

2."润心英语"教学主张。"润心英语"教学主张致力于打造充满文化内涵、富有生命张力、触动学生心灵的英语课堂，让学生在学习语言的同时发展能力、提高素养。其重要前提是深挖语篇的文化内涵，明确主题意义，植入生活情境，链接个体经验，让学生产生共鸣、深刻理解所学知识。语篇的文化内涵体现着作者的价值取向、思维模式，依托语篇的结构布局与特定的语言形式呈现。因此，对语篇主题内容的学习应当融合语用功能、思维培养等教学活动。教学活动的设计要围绕主题意义探究，在意义探究的过程中注重学生语言知识、文化意识、思维能力的培养。当然，还要立足学生已有的认知水平和语言能力，让学生真正学有所获。

单元整体分析：

本课授课内容是上海教育出版社《英语》必修一 Unit 3 Choices 单元中的阅读文本 "The good, the bad and the really ugly"。本单元的主题为"选

择",涵盖7个主要语篇,内容涉及食物选择对个人健康、自然环境的影响,并有拓展思维部分,分析了社会与文化对个人食物选择的影响。"The good, the bad and the really ugly"为事理论说文,以小标题加段落的形式分三段阐述食物的运输、包装与种植生产过程中会产生的"碳足迹"及对环境的影响,最后总结提出个人选择食物过程中应注意的问题。

基于文本阅读及单元整体教学内容,确定单元"大观念"为:成为负责任的世界公民,从生活中的选择做起。单元所有语篇可归为三个"小观念":第一,"Food choice and its influence on the environment";第二,"Individual's choices of food";第三,"Food choice and its influence on the society"。整个单元从个人选择对环境的影响入手,引导学生谈论个人食物选择,最后落脚于个人食物的选择对社会、历史的影响。

在单元整体框架与教学目标梳理和确立后,教师要厘清单元语篇之间的关联与逻辑,并以此指导教学设计及课堂教学,帮助学生构建单元大观念与语篇小观念,形成对"个人食物选择"这一主题多角度、深层次的理解。

单元整体框架图如下:

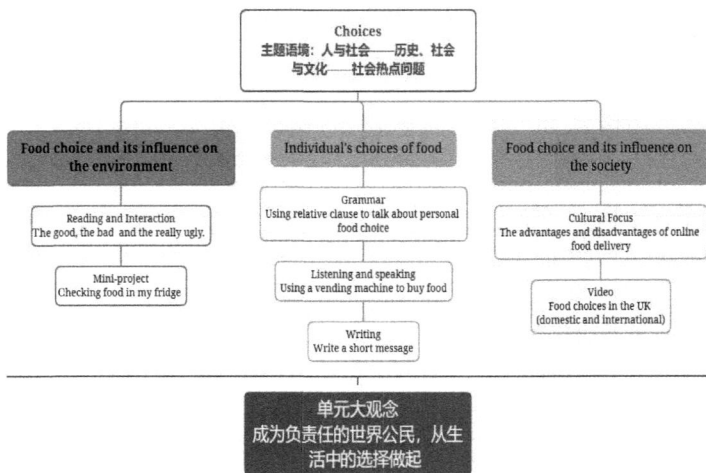

语篇分析:

【What】文章以生活中的小场景开始:作者打开冰箱,查看食物,开始了思考——生活中，我们不仅应该关注食物对个人身体的影响，还应该考虑食物对世界的影响，特别是应该从个人"碳足迹"的角度区分出好的、坏的、糟糕的食物。进而，作者从食物的运输、包装、种植生产过程这三个角度阐述不同食物对环境的影响。最后，作者关上冰箱门，列出到超市选购食物时的注意事项：阅读食物的标签、包装，少选购肉类，还可尝试自己种植蔬菜，为环境保护尽个人之力。

【Why】作者从食物运输、包装、种植生产这三个角度分析不同食物对环境的影响，希望读者能意识到个体选择不同食物时，会产生不一样的"碳足迹"，从而也会对环境造成不一样的影响。同时，作者通过说明自己在未来选择食物时的参考标准，试图影响读者与自己做出相同选择，即能从运输、包装、种植生产三方面考量食物对环境的影响，进而做出有利于环境保护的食物选择。

【How】文章的题目是"The good, the bad and the really ugly"，作者简洁明了地从对环境影响不同的角度对食物进行了分类，但又留下了阅读悬念。文章采用"以小见大"的写作手法，从自身查看食物这件小事入手，进而引申出分析不同食物对环境的影响。

本文为详细描述事理的一篇论说文，从篇章组织结构上，有清晰的主题引入段落阐明文章主旨，即应关注个人在选择食物时产生的"碳足迹"。随后作者以小标题带段落的形式，分三段阐述食物的运输、包装与种植生产过程会产生的"碳足迹"及其对环境的影响，最后总结提出个人在选择食物的过程中应注意的问题。在论述食物的运输、包装与生产三个方面时，作者使用了举例子、作比较的写作手法，说明各种食物对环境的影响，直观呈现食物与"碳足迹"的关联。此外，在引导读者分析食物"碳足迹"的过程中，作者使用了语篇标识语，如"my first stop""my next stop"等来阐述分析步骤。在文本语言方面，文章中定语从句的使用，如"...things that are not expensive...""greenhouses, which means our grapes..."等给出不同食物对个人、环境产生影响的具体信息。一些具体的数据使用，如"30%""20 million"等，直观地展示了不同食物对环境的影响。复合名词与形容词的使用，如"recycling facilities""greenhouse""energy-efficient""eco-friendly"等构成了文章的主题意义群，丰富了文章主题。

学情分析：

授课对象为海南省重点中学高一年级学生。大部分学生对环保类主题、论说文语篇的结构已有一定的了解，但对食物与"碳足迹"的关系，及其对环境的影响还是比较陌生的，缺乏相应的背景知识。

学生积累了必修一、必修二课本中的相关词汇、句式结构并掌握了一定的阅读技巧，能进行独立阅读，并完成学习理解类活动，即提取和分析文本的表层信息，并完成表层信息整合。但是，由于缺乏对"碳足迹"概念、深层次阅读技巧与方法、论说文写作手法的了解，学生难以挖掘深层信息并清晰把握作者的写作目的。因此，教师需在课堂上引导学生对文本进行分析与判断，帮助学生完成知识的内化与运用，挖掘文本隐藏信息，进而在此基础上形成批判与评价的思维能力。

教学目标：

通过本节课的学习，学生能够：

1.从运输、包装、种植生产三方面说明不同食物对环境产生的影响。（A2获取与梳理，B1描述阐释）

2.概括并举例说明什么是好的（good）、坏的（bad）及糟糕的（ugly）食物。（A3概括与整合，B1描述阐释，B2分析与判断）

3.基于本课的结构化知识，运用所学的关于食物碳足迹的相关知识，选择对环境友好的食物。（B3内化与运用，C2批判与评价）

教学重点：

让学生学会从运输、包装与种植生产三方面说明不同食物对环境产生的影响，并区分好的、坏的及糟糕的食物。

教学难点：

基于本课的结构化知识，运用所学的关于食物"碳足迹"的相关知识，选择对环境友好的美食。

教学过程：

活动形式与步骤	活动意图
Preference Survey （1）Teacher introduces the word "footprint". （2）Teacher presents different food for students, then ask them to choose the food they like and give the reasons. 	教师分享自己的旅游行程，从而引出单词"footprint"的教学。通过食物选择的小调查，了解学生选择食物时考虑的因素

活动形式与步骤	活动意图
1.Raising questions Teacher guides students to think about what other people may consider when choosing food. 	通过小视频创设情境,激发学生阅读兴趣,引导学生关注他人选择食物时考量的因素
2.Reading the introduction Students read the first paragraph and think about what the writer looks at while choosing food. 	学生阅读第一段,回答作者选择食物时考虑了哪些因素,从而引入"碳足迹"的概念

活动形式与步骤	活动意图
	学生阅读第一段，回答作者选择食物时考虑了哪些因素，从而引入"碳足迹"的概念
3.Skimming Students skim the rest of the text and think what are the three ways to check food's carbon footprint. 	学生扫读找出段落小标题，获取评价某一食物对环境影响的标准是什么

活动形式与步骤	活动意图
4.Reading to finish the mind map Students read Paragraph 2-5 and draw a mind map to illustrate how to check food's carbon footprint. 	学生阅读第二至五段并完成思维导图,提取如何运用三项标准判断食物的"碳足迹"
5.Self-talk and Group-talk Students introduce to themselves how they will use the criteria to check food's carbon footprint and then introduce to each other.	基于思维导图,学生回顾文章,内化语言

活动形式与步骤	活动意图
6.Analysis Students use their mind map to analyze whether the foods in the writer's fridge are good, bad, or the really ugly and explain reasons. **» Analysis** **Use your mindmap to explain:** **1) How does the writer use each criterion to check foods?** **2) What is the impact （影响）of each criterion on the environment?** **3) What is her feeling of each food (good, bad or ugly)?** **Checklist** 1. Does the mindmap cover all the checking criteria （标准）? 2. Does the mindmap have a clear structure? 3. Does the speaker present in a logical order? **» Analysis** **Steps to check food's carbon footprint** **Step 1　food miles** My first stop the label **Information:** Where does food come from **Impact （影响）:** food travel thousands of miles ↓ pollution and global warming **Step 2　packaging** My next stop the packaging **Information:** don't recycle all **Impact:** More than 30% goes to rubbish dump ⊗ recycling facilities **Step 3　production** **Information:** grow & production grapes & burgers **Impact:** enery-efficient VS biggest carbon footprint	学生结合文本,分析、判断什么是好的、坏的及糟糕的食物,并给出理由
7.Discussion Students discuss their understandings of the title and other criteria of choosing food. **» Discussion** Food for thought The good, the bad and the really ugly by Jane Brown Today, in my fridge, there are a few grapes, some bananas and some fruit juice—things that are not expensive and that are good for me. There is also a pizza, and some burgers—which are not so good. I know what this food does to my body, but what does it do to the world around me? It's time to look at my carbon footprint and think about the difference between the good, the bad and the really ugly. **1. How do you understand "Food for thought" ?** **2. Could you suggest other standards for choosing food ?**	学生结合本课所学,讨论文章标题的含义,提出自己选择食物的其他标准

活动形式与步骤	活动意图
8.My new choice Students reflect on their choices at the beginning of the class and make their new choices as well as explaining their reasons. 	基于本课所学,学生反思课堂开始时所选择的食物是否符合减小"碳足迹"的要求;然后,做出新选择并说明理由
Homework 1.Check the foods in your fridge to see whether they are the good, the bad, or the ugly food. 2.Write a report about the analysis of foods in the fridge and some changes that can be made to reduce the impact of foods on the environment.	巩固所学,拓展主题知识,实现迁移创新。将本堂课的思维生成和语言表达落实到书面写作上,深化对主题知识的理解

课例分析：

1.深度化——语篇分析为深度学习奠基。

"润心英语"教学主张强调以"文"化人，做好语篇文本的分析是上好课的前提。授课教师首先从单元整体层面梳理单元"大观念"和语篇的"小观念"，建立起单元主题与子主题之间的逻辑联系，使得整个单元的学习内容逻辑清晰、系统全面、浑然一体，单个语篇的学习目标更加明确。

授课教师从"What""Why""How"三个方面对本课的语篇进行多角度、全方位解构，概括了文本的主旨大意，明确了作者的写作意图，即作者通过说明自己在未来选择食物时的参考标准，试图影响读者与自己做出相同选择，即能从运输、包装、种植生产三方面考量食物对环境的影响，进而做出有利于环境保护的食物选择。这就明确了本课学习活动的总目标，即要给学生建构有关食物选择与环境保护的观念，从而影响学生日后的行为，达到"以文化人，润心启智益行"的目的。

"How"部分是作者为实现写作意图而采用的篇章布局与语言表达形式，是意义传递的载体，是阅读课中语言知识、语用功能学习的内容。授课教师从文章体裁、篇章结构、说明方法、文本语言特点方面对本文进行深入细致的分析，如采用语篇标识语"my first stop""my next stop"分步骤阐述食物选择的考量因素和步骤，使用定语从句给出不同食物对个人、环境产生影响的具体信息，用数据展示了不同食物对环境的影响，用复合名词与形容词构成环保主题意义群。这样细致的分析，明确了本课语言学习、语用学习、思维培养方面的落脚点。在此基础之上，授课教师从学生对主题语境的熟悉程度出发，基于学科能力表现框架分析学生在本课学习中可能遇到的疑难，如对"碳足迹"概念的了解不深，缺乏深层次阅读技巧与方法，对英语说明文写作手法不熟悉，难以挖掘深层信息及清晰把握作者的写作目的等，从而明确了本课教学的重点、难点。

可见，授课教师通过对文本的深度分析，挖掘出文本内涵，抓住了以"文"化人这个切入点，解构了文章的篇章结构与语言形式的表意功能，抓住了以"言"致事的要点，把握了学科育德育能的根本，为明确本课的教学目标、设计教学活动奠定了基础。

2.生活化——情境创设回归生活本真。

"润心英语"教学主张强调创设真实的生活情境,让学生在真实的生活情境中运用英语学科学习所获得的价值判断能力、语言知识与技能去解决生活中实际问题,从而达到提升综合素养的目的。

本节课是一节充分链接生活,充满生活气息的课。在导入部分,教师分享自己从海口到南宁的旅游行程及给学生带的食物,导出"footprint"一词并让学生挑选事先准备好的食物,自然而然地进入了"food choices"这个情境,引导学生梳理个人选择的"criteria"(标准)。此环节结束后,通过英国朋友 Jane Brown(本文作者)打开自家冰箱选择食物的视频,介绍别人选择食物的标准,从"自我"过渡到"他人",很好地导入课文阅读。讲授首段之后,教师在解释"carbon footprint"一词时,通过真实的图片介绍不同的食物在运输、包装、生产过程中的不同"碳足迹",非常直观、生动。学生阅读梳理作者选择食物的标准,理解"碳足迹"和食物选择与环境保护的关联后,对比、更新自己的选择标准。课后作业是一个 Mini project:检查自家冰箱内的食物,判断它们属于好的、坏的还是糟糕的,然后写一份报告,分析它们的"碳足迹"及其对环境的影响,阐述自己可以做出什么改变以减小食物的"碳足迹"。

本课从熟悉的生活情境入手,通过一系列的学习活动,引导学生掌握"碳足迹"的概念,理解食物在运输、包装、生产的过程中对环境的影响,从而明白个人的食物选择会对环境产生影响,树立"低碳生活,成为负责任的世界公民,从生活中的食物选择做起"的价值观,并将其落实到具体的实践中,真正做到构建新知、转变观念、解决生活中的真问题。

3.结构化——主线串联实现知识结构化。

本单元的主题为"choices"(选择)。本课的教学紧扣"choices——food choices——food choice and its influences on the environment"这一主线设计教学活动。首先引入个人食物选择的标准,后过渡到他人选择食物的考量,引出"碳足迹"的概念,接着要求学生制作"碳足迹"与食物关联的流程图，帮助学生提取食物的运输、包装、生产三个环节的碳排放信息及其影响，引导学生归纳出："The shorter food miles，the small carbon footprint. The less packaging, the smaller carbon footprint. The fewer greenhouse gases, the smaller carbon footprint."基于学生对食物"碳足迹"的理解，总结出食物选择时考量其"碳足迹"的办法，即"read the label，look at the packaging，don't buy a lot of meat"。在学生理解了食物"碳足迹"对环境的影响后，引导其修正自己的食物选择标准，课后检查自家冰箱的食物，对食物做出正确的选择。通过本课的学习，学生将构建形成"food choice——carbon footprint of food——food miles, packaging, production，carbon footprint of food——making the right food choice"的结构化知识闭环，也会进一步思考食物选择是否有其他的考量因素，食物的选择对其他方面是否有影响，从而形成一个知识网的开环，为后面的学习奠定基础。

可见，通过本课本单元的学习，学生对"choices"（选择）的理解逐渐细化、深化、结构化、网状化，既掌握了单篇课文的结构化知识，又形成整个单元的结构化认知，有利于认知能力的发展，有助于加深理解，强化记忆。

4.融合化——基于文本的设计实现内容、思维、语言三位一体发展。

本文是一篇叙事性的事理性论说文，按照"总—分—总"的结构组织篇章，阐述作者检查冰箱里食物的方法与选择食物的考量。全文共五个段落：第一段点明主旨,即选择食物要关注食物的"碳足迹"；第二至四段为带小标题段，使用举例子、作比较、列数据等说明方法阐述食物在运输、包装与生产过程产生的"碳足迹"及其对环境的影响，点明作者对这些食物的感觉。第五段归纳检查食物的方法。

教师顺应本文的文脉逻辑与语言特征设计教学活动，实现内容、思维、语言三位一体的融合式学习。首先，教师通过真实的情境创设，导入首段的阅读任务"What does the writer look at while choosing food?"引导学生进入阅读情境。学生基本理解文本即可得出答案并直奔主旨"It's time to look at carbon footprint"。这是一个感知、注意、理解的浅层信息处理的过程，同时引出对主题词汇"carbon footprint"的学习。

第二至五段的阅读活动一，要求回答"What are the three ways of checking food?"学生浏览小标题即可获得答案；活动二"Draw a mind map to illustrate how to check food's carbon footprint." 教师给出问题链加以引导："How does the writer use the three standards to cheek each food?""What is the impact of each standard on the environment?""What is her feeling of each food?"学生通过梳理、对比、分类、整合、综合、概括等思维活动，进行深层信息处理；通过完成思维导图，对比不同食物在运输、包装、生产过程产生的碳足迹及其对环境的影响，深刻理解"为什么要关注食物的碳足迹"。在此基础上，教师引导学生用自己的语言表达自己对食物"碳足迹"的理解，并归纳总结出：The shorter food miles, the small carbon footprint. The less packaging, the smaller carbon footprint. The fewer greenhouse gases, the smaller carbon footprint。

读后活动是讨论文章标题"Food for thought"的含义，并提出自己选择事物的其他标准。此活动是一个评价迁移创新的思维活动。

课后作业是一个项目式学习活动，要求学生检查自家冰箱里的食物，评价它们是good，bad，或ugly，然后撰写调查报告分析食物的"碳足迹"及如何改变食物选择以减少对环境的不利影响。此活动依托想象、创新的思维活动，在生活情境中延伸、应用信息，解决实际问题，在解决问题的过程中应用语言，这同样是内容、思维、语言的完美融合。

可见，教师依据文本的结构特征，围绕主线，通过学习理解、应用实践、迁移创新不同层次的活动，实现了信息加工、思维培养和语言学习三位一体发展，指向学生的学科核心素养的提升。

5.生本化——搭建支架促使学习发生。

授课教师授课前对学生当前的认知水平、语言能力、对话题的熟悉度、语篇的难易点等学情进行分析，确定了教学目标和教学重难点，并围绕教学目标和教学重难点，组织了以学生为主体的活动，为学生搭建了多方面的学习支架。

认知支架。本课生词"carbon footprint"（"碳足迹"）是文本关键词，也是科普类专业术语，出现在第一段，因为缺少上下文线索，学生难以理解其意思。为此，教师通过让学生对比食物在运输、包装、种植生产过程中产生的二氧化碳量，理解"碳足迹"概念，搭建知识支架，也为学生开展对下文的阅读理解奠定了一定的基础。在学生绘制流程图的活动中，教师先带领学生完成流程图第一步。随后由学生根据教师给出问题链、展示流程图其余两个步骤，实现知识的整体化建构。

语言支架。学生形成结构化知识后，教师在课堂上引导学生使用"the+比较级...the+比较级"的句式，对"碳足迹"的判断方法进行总结概括，具体为：（1）The fewer food miles, the smaller carbon footprint；（2）The less packaging, the smaller carbon footprint；（3）The fewer greenhouse gases, the smaller carbon footprint。在小组活动中，学生基于已经形成的结构化知识，分析与判断某一类食物产生的"碳足迹"，并运用该句型对同伴的回答进行点评，实现在真实情境中运用所学知识与语言，加强对单元内容的理解与认知。

第三章　教学设计案例

人教版必修一 WELCOME UNIT

FIRST IMPRESSIONS

授课教师：蔡慧

授课对象：海南中学高一学生

课　　型：阅读课

时　　长：1课时

一、文本解读

1.主题语境：人与自我——生活与学习——个人、家庭、社区及学校生活。

2.语篇类型：网络博客。

3.文本分析：本单元为过渡单元，主题为"高中校园新生活"。本文为阅读与思考板块的语篇，旨在引导学生阅读一名中国高中生开学第一天的记录，体会同龄人的经历和感受，最后回忆并描述自己开学第一天的经历，树立正确的高中生意识，积极勇敢地面对高中生活。

【What】文章标题为"第一印象"，全文由四个小语段组成。第一个语段谈论作者开学前焦虑和期待的心情，她期待自己能给大家留下一个好的第一印象，又担心做不到。第二个语段描述了作者第一节数学课后的感受，她感到老师和同学都很友好且乐于助人。第三个语段重点介绍了作者在化学实验课上的经历。在这节课上，作者无法专心于实验，因为旁边的同学一直跟她说话，这使得她很恼火。第四个语段是作者对第一天高中生活的回顾，表现了她对未来高中生活的期待和信心。

【Why】通过阅读同龄人高中开学第一天的记录，了解同龄人的经历和感受，学习有关开学第一天的表达，并用于介绍自己的经历。同时，体会文中作者积极向上的人生态度，增强对高中新生活的信心。

【How】本文是一篇发布于网络平台的记叙文。题目为"FIRST IM-PRESSIONS"，其中"IMPRESSION"用了复数形式，既指作者想给新老师、新同学留下的第一印象，也指作者对新学校、新老师、新同学的第一印象。文本以第一人称展开叙述，篇幅较短，按时间顺序记录了作者开学第一天的四个场景：上学前的忐忑不安，中午回忆上午有趣的数学课，下午化学实验课的经历，晚上睡觉前的踌躇满志。文本语言具有口语化、生活化的特点，使用了一些表达个人情感的感叹句，如"What a day!"还使用了一些非正式文体的缩略写法，如"couldn't""didn't""there's"等。全文主要使用了一般过去时和一般现在时两种时态，使用一般过去时描述过去的经历，使用一般现在时表达当下的感受。

第一个语段开头即用了一个感叹句"So this is it—senior high school at last!"使作者对高中生活的期待之情跃然纸上，结尾处连用两个问句表现作者对是否能留下一个"good first impression"的焦虑。

第二个语段还是以感叹句开头，体现作者刚上完第一节高中数学课时的激动心情。接着作者用一系列形容词，如"kind""friendly""funny""laughed""helpful"等表达上完这节课后的愉快心情。

第三个语段用"new"和"great"两个形容词来表现实验室设备新，实验课设计得好，营造积极的情感氛围，以突出下文作者糟心的上课经历。下文用"couldn't concentrate on"和"leave me alone"等传达作者愤怒的情绪。

第四个语段仍以强调句"What a day!"开头，暗示作者一天结束后的复杂心情，接着作者用"didn't feel awkward or frightened""will make new friends""a lot to explore""more confident"，以及结尾的感叹句"Tomorrow will be a great day!"表达自己对未来高中生活的憧憬和信心。

二、学情分析

授课班级学生的英语水平较高，学习态度认真，能接受全英文授课。以 3×3 英语学科能力要素框架为指导，该班学生学习理解能力较突出，但概括与整合能力稍弱，具体表现为在提取信息后，无法用自己的语言概括信息，并进一步整合相关联的信息，只会依照原文复述信息。因此，在形成结构化知识方面，还需要教师进一步的指导。此外，分析与判断、推理与论证和批判与评价能力也较薄弱，具体表现为无法根据语言材料分析和判断事件间的逻辑联系，无法整合语言材料中的线索、逻辑、因果关系等推导出未知内容，无法从不同角度举例论证个人观点。

本单元所谈论的话题与学生息息相关，对于分享和讨论自己及同学的开学感受和经历，学生也比较感兴趣，而且因经常使用微信、QQ、微博等社交媒介，学生熟悉新媒体文章的写作风格，对记叙文的基本特征也有了解。本文句式简单，多为较短的简单句和并列句。词汇方面，除文中黑体词外，学生对其余词汇不陌生。因此，本文适合用于引导学生提取关键信息，并概括整合关键信息，形成对 Han Jing 开学第一天经历和感受的结构化认知。此外，本文适合用于指导学生分析、论证作者在每个事件中的感受及其原因，锻炼其分析与判断、推理与论证的能力。

三、教学目标

通过本节课的学习，学生能够：

1.利用鱼骨图梳理出作者在每个时间段的感受和原因，并据此介绍作者的开学第一天。（A2获取与梳理，A3概括与整合，B1描述与阐释）

2.分析标题的双重含义。（B2分析与判断，C1推理与论证）

3.归纳新媒体文章的布局、结构和语言特点。（B1描述与阐释，B2分析与判断）

4.介绍自己的开学第一天。（C3想象与创造）

四、教学重难点

1.教学重点：

（1）利用鱼骨图梳理出作者在每个时间段的感受和原因，并据此介绍作者的开学第一天。

（2）归纳新媒体文章的布局、结构和语言特点。

2.教学难点：

介绍自己的开学第一天。

五、教学资源

课件，黑板等。

六、教学活动与设计说明

Activity 1 Choose my first day emoji

Students watch a video about the first day of senior high school to recall their first day experience and choose an emoji to describe their feelings on the first day of senior high school and tell the reasons.

设计说明：播放高中开学第一天的相关视频营造情境，激活学生的记忆。观看完视频后，教师要求学生分享开学第一天的感受和原因，引入情境，链接生活，预热话题，同时了解学生是否已经学会关于谈论该话题的语言表达，如情绪类形容词等，定位知识差。

Activity 2 Introduce Han Jing's first day story

1. Students read the first paragraph and explain why Han Jing felt anxious.

2. Students read the rest text quickly and draw an emoji to show Han Jing's feelings on her first school day, and explain reasons.

3. Students read the text again, and draw a fish bone diagram to tell Han Jing's experience and feelings of her first school day and give reasons.

4. Students introduce Han Jing's experience based on the diagram to their group members, and then teacher chooses one student to introduce it to the whole class.

5. If needed, teacher may guide the whole class to improve the fish bone diagram based on the student's sharing, for example, adding missing information, deleting unnecessary information, and summarizing lengthy expressions.

6. Students share their opinions on the question "Why fish bone diagrams are used here to summarize the text?"

设计说明：鱼骨图作为建立知识结构图的一种重要的可视化思维工具，能够清晰地呈现文章逻辑和主要内容。此活动旨在引导学生阅读全文，厘清作者每个时间段的感受及其原因，借助鱼骨图梳理出全文关键信息，思考和认识鱼骨图的作用，树立使用不同的可视化思维工具和阅读策略梳理文章，培养构建结构化知识的意识。

Activity 3 Discuss the title "FIRST IMPRESSIONS"

Students discuss the following questions in groups of four.

（1）What did Han Jing learn from her first day at senior high school?

（2）Why the text is titled "FIRST IMPRESSIONS"? What are the "First Impressions in the passage"?

设计说明：讨论第一个问题能够帮助学生进一步梳理 Han Jing 开学第一天的经历和所得，为学生更好地回答第二个问题作铺垫。讨论第二个问题能帮助学生关注到文章题目和内容的关系，进一步理解这篇文章想要传达出的积极情感。

Activity 4 Analyze the text type

Students tell the text type and discuss the features of it from three aspects: layout, structure and language.

设计说明：此活动旨在让学生观察并认识新媒体文章与其他文体的区别，如布局上图文并茂、结构上比较松散、语言上比较口语化。

Activity 5 Share my first day story

Students introduce their first day of senior high school based on the following two aspects.

（1）Feelings at each period.

（2）Reasons behind the feeling.

设计说明：此活动旨在引导学生在学习完课文之后，全面审视自己的开学第一天经历，并参考课文的表达结构和方式分享自己的开学第一天经历。

Assignment:

Write a blog post to share your first day of senior high school.

设计说明：此活动旨在再次提供机会，让学生内化所学，将课上的口语输出活动转化为写作活动。而借助博文形式，能让学生在写作过程中，进一步感知和认识课堂上对博文的布局、结构和语言特点的分析。

七、专家点评

本教学设计充分体现出对学生英语学科核心素养的培养，具有以下特色。

第一，突显"生活化"。引入部分借助学生开学第一天的视频，能快速激发学生的分享兴趣，进入本课话题的学习，最后的输出环节又链接生活，让学生参考课文结构和语言分享自己开学第一天的经历，实现知识的迁移创新。

第二，知识"结构化"。课文向读者呈现了四个校园生活片段，内容零散，教师通过让学生画鱼骨图，以时间为轴，梳理 Han Jing 每个时间段的情绪变化和造成情绪变化的原因，构建结构化知识，并基于鱼骨图给予充分的时间让学生介绍 Han Jing 的经历，这是内化文章语言和主要内容的过程。之后对文章的标题进行深入探讨，明确作者的写作目的，引导学生关注新媒体文章的结构和语言特点，为最后的输出打下良好的语言和结构基础。

第三，设计"生本化"。活动设计立足学生现有水平，链接学生个体经验，引发学生共鸣，触及学生心灵，帮助他们理解高中校园中人际关系的正确处理方式，以积极的心态面对未来生活的挑战。

人教版必修一 UNIT 1

THE FRESHMAN CHALLENGE

授课教师：李玥

授课对象：海南中学高一学生

课　　　型：阅读课

时　　　长：2 课时

一、文本解读

1.主题语境：人与自我——生活学习——个人、家庭、社区及家庭生活。

2.语篇类型：记叙文。

3.文本分析：本单元的主题为"青少年生活"。本文为阅读与思考板块的语篇，旨在引导学生探究美国高中新生的学校生活，尤其是在面临新的挑战之时，如何积极应对挑战，努力适应高中新生活。同时，通过比较中外高中新生生活的相同点与不同点，引导学生以积极乐观的心态迎接高中生活的各种挑战与机遇，成就美好的自己和未来。

【What】文章标题为"新生的挑战"，全文共四个自然段。首段作者Adam 进行了一个自我介绍，并点明主题——高中生活是一个巨大的挑战。第二段讲述了 Adam 遇到课程选择方面的挑战，以及他是如何在导师的帮助下做出最终选择的。第三段描述了 Adam 在课外活动选择方面面临的挑战，以及他是如何面对落选校橄榄球队，如何加入志愿者团队并积极参与每周的志愿活动的。第四段阐述了 Adam 对高中新生将会面临的各种挑战的认识，也表明了无论遇到何种挑战，他都会乐观面对，并为未来做好准备的决心。

【Why】通过探讨美国高中新生面临的挑战及其如何应对挑战以适应高中生活，让读者比较中外高中新生遇见的挑战的异同，帮助读者培养积极向上的心态，以迎接高中生活的各种挑战，为未来努力奋斗。

【How】本文为记叙文，标题是"THE FRESHMAN CHALLENGE"。文章围绕该主题，以第一人称，从课程选择、课外活动选择、高中生活三个方面展开叙述。全文结构清晰，每一段的首句都是该段落的中心句，支撑句通过实例来具体描述 Adam 遇见的挑战和他的应对方式。全文以一般过去时描述 Adam 过去一周遇见的挑战，以一般现在时讲述 Adam 现在的状态，以一般将来时展望 Adam 未来的高中生活和大学生活。

首段通过主旨句"Going from junior high school to senior high school is a really big challenge." 以及关键词"a freshman"和"a little confusing"等点明主题——"The Freshman Challenge"。第二、三自然段以排序词"first""too"等展开讲述。两段以一般过去时介绍了 Adam 过去一周遇见的挑战和应对挑战的方式，以一般现在时讲述 Adam 的现状和他的高中新生活，拉近读者和作者的距离。第四自然段用比较级"harder"和"advanced course"形容高中生活，并与初中生活进行了比较，回应了首段的主旨句。本段还用了"get used to""keep up with"等表达了 Adam 积极乐观迎接高中新生活的决心。最后一段中的"Studying hard isn't always fun, but I'll be well prepared for university or whatever else comes in the future."作为总结句，用一般现在时讲述了高中生活的不易，用一般将来时展望了美好的未来，与首段主旨句中的"challenge"和"confusing"形成了鲜明的对比，这既是 Adam，也是同为高一新生的读者们应该拥有的心态。

二、学情分析

授课班级的大部分学生英语水平较高，学习态度认真，能接受全英文授课。以 3×3 英语学科能力要素框架为指导，该班学生已基本具备在阅读中提取、概括信息的能力，能用英语自信地表达观点，但在整合信息、形成结构化知识方面仍待加强，描述与阐释、分析与判断的能力还需进一步提高。

学生对高一新生面临的挑战有个人体会和感悟，对美国高一新生可能遇见的挑战也感兴趣，但并不十分了解。对于如何应对高中生活的新挑战和中外高中生活的异同这个话题，学生有自己初步的认识和思考，但思考深度不够，无法很好地分析比较中外高中生活的异同。本文词汇、句式简单，学生能够理解大意，教师应适当引导其对文章进行深入分析，探讨主题意义。

三、教学目标

通过本节课的学习，学生能够：

1. 获取、概括、描述美国高中生 Adam 面临的新挑战、应对办法及心态变化等关键信息。（A2 获取与梳理，A3 概括与整合，B1 描述与阐释）

2. 分析比较自己与 Adam 高中学校生活的异同，描述阐释在遇到新挑战时的应对办法和心态变化。（B1 描述与阐释，B2 分析与判断）

3. 观察并归纳概括文本的语言特点和篇章结构，撰写一篇书信讲述中国学生进入高中遇到的挑战及应对办法，并将其寄给 Adam，促进两国高中生沟通交流。（A1 感知与注意，C2 想象与创造）

四、教学重难点

1. 教学重点：

（1）引导学生获取概括美国高中生 Adam 面临的新挑战及其应对办法和心态变化。

（2）引导学生分析比较自己与Adam高中学校生活的异同。

2.教学难点：

引导学生撰写一篇书信讲述中国学生进入高中遇到的挑战及应对办法。

五、教学资源

课件，黑板，屏幕，白板贴等。

六、教学活动与设计说明

Activity 1 Free talk

Students have a free talk about the following questions.

（1）What would you tell a teenager from another country about your school life?

（2）What do you want to know about senior high school life in other countries?

设计说明：要求学生与外国同龄伙伴分享他们的高中新生活，并提出他们想了解哪些有关其他国家学生的高中生活情况，引入情境，链接生活，预热话题。

Activity 2 Predict and verify

Students look at the picture of Adam and the title：The Freshman Challenge, and predict what the passage may talk about and what the boy may be faced with. Then ask them to skim the text to verify their predictions according to the following questions.

（1）Does the main idea match your prediction?

（2）Are the challenges Adam mentioned the same as your predictions? Are there any challenges that you didn't think about?

设计说明：通过预测、快速阅读与核对原文等活动引导学生在阅读前关注文章题目的引领作用，带着思考开展阅读，并通过快速阅读获取文本的主旨大意与主要内容，为概括提取文本主旨大意和在写作中运用文本的篇章结构作铺垫。

Activity 3 Summarize and extract

Students read the text again to summarize the main idea of each paragraph. Based on the main idea of each paragraph, ask students to divide the text into two parts and use a phrase or a word to summarize each part in the passage.

设计说明：通过概括段落主旨、提取文本篇章结构与各部分的大意等活动引导学生梳理文本主要内容与结构，了解 Adam 的高中新生活，加深对话题的理解。用主题句总结段落大意的技巧，帮助学生迅速获取文本主要信息，厘清篇章结构，启发深度思考，为画思维导图和在写作中运用文本的篇章结构作铺垫。

Activity 4 Draw a mind map on challenges

1. Students read the text again and draw a mind map to introduce Adam's challenges, his feelings, and his solutions.

2. Students practice introducing Adam's senior high school life in the first week by themselves and then practice in groups.

3. One student is invited to share his or her fact mind map with the whole class. Other students add details if necessary.

4. Teacher comments on students' retelling.

设计说明：通过画思维导图，学生获取、梳理与整合文中有关 Adam 高中新生活中遇见的各种挑战、心态变化和解决问题的方式等事实性信息，构建结构化主题知识。通过"self talk"和"group talk"等完善与内化上述结构化知识。本活动旨在培养学生概括和分析、内化与应用信息的能力。

Activity 5 Compare, discuss and share

Students discuss in group about the following questions.

(1)Do you face the same challenges as Adam?

(2)What other challenges are you facing? How do you feel?

(3)How do you deal with them?

设计说明：本活动旨在通过学生对自己高中新生活的思考与讨论，分析比较中外高中生活的异同，链接个人生活体验，展示分享个人观点，培养高级思维品质。

Activity 6 Discuss and write

Students review the outline, topic sentence and key words of the passage and discuss in group about the situation：If you are going to introduce your first week in senior high school to Adam, what would you like to talk about? The challenges or the happy moments? How many aspects would you like to describe? How would you put them in each paragraph?

设计说明：回归文本的篇章结构，假设学生要向Adam介绍自己的高中新生活，学生先在小组内讨论他们各自要介绍什么内容，如何在文章中安排这些内容，再在班里分享。本活动旨在引导学生关注作者的写作意图及文章篇章结构特征，培养学生的批判性思维能力和迁移创新能力。

Assignment：

Write a passage to introduce your first week in senior high school to Adam.

设计说明：基于文本学习与课堂小组讨论成果，学生以书信的形式向同是高一新生的Adam介绍中国高一新生的学校生活，包括但不限于学生面临的挑战、心情变化、解决问题的方式及对未来的展望等。本活动旨在引导学生学以致用，从文本情境到生活实际，用英语讲好中国故事，展现中国当代高中生的朝气蓬勃。

七、专家点评

本教学设计充分体现出对学生英语学科核心素养的培养，具有以下特色。

第一，关注阅读策略和文本结构。本课要求学生掌握的阅读策略是略读(skim)。教师设计活动二和活动三引导学生浏览标题、图片和主题句获取文本和段落大意，应用主题句总结段落大意，迅速获取文本主要信息并分析语篇的组织结构，实现主题意义探究与策略学习相结合。

第二，通过画思维导图构建结构化知识。以"challenge"为主题词，梳理出 Adam 遇见的高中新生活的各种挑战，心态变化和解决问题的方法，把碎片化知识连成线，通过"self talk""group talk"进行内化，构建结构化主题知识，并深入探究其主题意义。

第三，链接生活，体现"生活化"与"生本化"。引入部分要求学生结合自身经历，与外国同龄伙伴分享他们的高中新生活，预热话题，激活原有认知。读后活动链接文本情境与学生生活，回归现实，引发学生的共鸣与思考，同时提升学生分析并解决自身实际问题的能力。

第四，通过中外校园生活对比，培养学生国际视野。学生通过阅读美国高一新生 Adam 刚进入高中所遇到的挑战，进一步丰富对美国校园生活的认识和理解，以此打开视野，在比较中感受文化异同，实现跨文化理解，同时思考自己面对挑战时的态度和对策，树立积极向上的人生观。

一、文本解读

1. 主题语境：人与自然——自然生态——主要国家地理概况。

2. 语篇类型：介绍类文本。

3. 文本分析：本单元的主题为"旅行"。本文为阅读与思考板块的语篇，是非连续性文本。文本一是百科全书中有关秘鲁的地理、历史简介；文本二是旅游宣传册，旨在向读者推荐秘鲁的四条旅游路线。

【What】该板块的文本包括两部分：第一部分是介绍性文本，介绍了秘鲁的地理位置、地貌特征及历史文化；第二部分是旅游宣传册，介绍了秘鲁四条不同特色的旅游线路——亚马逊雨林、马丘比丘遗址、库斯克古城、的的喀喀湖。主干部分由小标题引出四条路线的介绍，丰富的图片和精美的设计，在视觉上给人很强的冲击。

【Why】文本一对秘鲁的地理、历史进行简要介绍，使读者对该旅行目的地有宏观的感知。文本二介绍秘鲁的四条旅游线路，旨在向读者推荐秘鲁这个旅行目的地，吸引读者来旅行。教材设置这样的一个话题，不仅是为了提高学生的语言技能，也是为了拓宽学生的视野，激发学生对异域

风情及历史的学习兴趣，体验不同的人文风情，并形成自己的心得体会。

【How】第一部分是介绍性文本，以条目释文为主，配以插图，内容客观且具有权威性，语言平实、简洁、严谨。该部分共有两个段落，首段使用了一般现在时，"with+名词"结构、非谓语动词作定语。这一段结构紧凑，语言简洁，信息量大，其中涉及描述地理特点的词汇有："narrow" "dry" "flat"。第二段简要介绍秘鲁的历史，使用了一般过去时。此段使用了强调句："It is for this reason that ..."，强调西班牙语作为官方语言的原因，涉及介绍历史方面的词汇有："ancient Inca Empire" "took" "control of" "ruled"等。两段文字的右边配了简单的地图，展示了秘鲁的地理位置和狭长的地形。该部分使读者能快速地对秘鲁有一个基本的认识，为阅读第二部分的旅游宣传册做好知识铺垫。

第二部分是旅游宣传册，介绍了秘鲁四条不同特色的旅行路线。内容结构清晰，主干部分由小标题引领四条路线说明并配有丰富的图片，使读者对秘鲁心生向往。旅游宣传册是日常生活中的常见材料，主要有三种功能。第一种是信息功能，向读者介绍目的地的基本信息，描述其基本特点。第二种是表现功能，使用富有感染力的语言和生动的图片表现作者的态度、观点等。第三种是共鸣功能，使用一些吸引和呼吁功能的语言以拉近与读者的距离，激发读者的共鸣，吸引读者去旅行。此外，文章还运用了大量的祈使句及以第二人称"you"作主语的句子，使读者有身临其境的感觉。该部分的句子主要使用一般现在时，也有少数使用一般将来时，以简单句、祈使句为主。第二段包含了一个倒装句："Especially amazing is the Inca's dry stone method of building"，突出了马丘比丘令人惊叹的房屋建筑特色。第三段中有祈使句的排比："stay ..., visit..., admire..., enjoy ...and go..."。连续使用五个动词组合成一个排比，富有感染力。涉及旅行方面的重点词汇有："tour" "flight" "accommodation" "path" "hiking" "civilization" "destination" "admire"等。

二、学情分析

该班学生的阅读理解能力尚可，能准确获取文本的基本信息，但也有部分学生阅读速度较慢，对于推断类和深层意义的理解有困难。阅读技能方面，学生对略读并抓住文章大意和主题句，明确作者态度和意图，感到比较吃力。以3×3英语学科能力要素框架为指导，该班学生分析与判断，整合与运用，推理与论证方面的能力不足，具体表现为不能完整概括阅读材料中的逻辑线索，不能将材料信息内化成自己的语言进行表述。

学生学习英语的兴趣较高，特别是新教材的内容比较新颖，贴近学生的实际生活，活动设计能激发学生的兴趣。但学生对秘鲁旅游的话题还是较陌生的，对这个国家的地理概况、文化、旅游资源了解不多。

本文的语言结构相对简单，句型难点是第一部分的强调句及第二部分的倒装句。文章细节理解方面的难点之一是马丘比丘的建筑特点及形成原因。本文的生词量不大，且名词居多，多数学生能结合上下文猜测出词义。

三、教学目标

通过本节课的学习，学生能够：

1.辨别两类文本体裁，即百科全书式的介绍性文本和旅游宣传册的结构特征和语言特点。（A1感知与注意）

2.有效获取以上两类文本中的以下重要信息并形成结构化知识。（A2获取与梳理，A3概括与整合）

（1）Information about Peru.

（2）The characteristics of four routes.

3.对秘鲁的旅游资源、异域风情和人文精神有自己的见解。（B1描述与阐释，C2批判与评价）

4.通过制定旅游路线，加深对文本的理解，在新的语境中建构知识结构，实现知识迁移。（C3 想象与创造）

四、教学重难点

1.教学重点：

有效获取两类文本中有关秘鲁的重要信息并形成结构化知识，如秘鲁的旅游资源和文化特色。

2.教学难点：

通过制定旅游路线，加深对文本的理解，在新的语境中建构知识结构，实现知识迁移。

五、教学资源

课件，黑板等。

六、教学活动与设计说明

Activity 1 Discuss

Students discuss the following questions in groups.

（1）Do you like traveling?

（2）Why do people travel around?

（3）Which place have you been to?

设计说明：生本化活动设计立足学生当前水平，链接学生个体经验引入话题，激发学生的学习兴趣，了解学生对旅游主题的原有认知，以及学生旅游的经历和体验，让学生自主表达自己的旅游喜好并描述旅游经历。

Activity 2 Watch a video about Peru

1.Before watching the video, teacher uses some words and phrases to describe Peru and asks the students to guess it.

2.Students watch the video with the following questions.

（1）What did you see in the video?

（2）What other sources of information can you find about Peru?

设计说明：教师对秘鲁进行大致描述，让学生猜测将要学习的文本关于哪个国家，让学生对秘鲁有一个大致的印象。引导学生观看视频并回答提问，加深对秘鲁的印象以及获取秘鲁相关信息的渠道，为阅读文章作好背景知识的铺垫。

Activity 3 Determine the writing type

Students glance at the titles and the pictures of two texts and determine the text type.

设计说明：根据标题和图片猜测语篇类型，旨在培养学生的语篇意识，帮助他们掌握百科全书、旅游手册的语篇特点。

Activity 4 Read the first text and answer questions

Students read the first text with the help of the map and answer the following questions.

（1）What information about Peru is covered in the text?

（2）What's the feature of the language?

设计说明：学会从地图中提取信息是生活化学习的一种体现。学生通过看地图可以直观地了解秘鲁的地理位置和地形特点。教师引导学生关注此文本的语言特点，即平实、简洁、客观。

Activity 5 Read and finish the chart

Read the second text and finish the following chart, and then summarize the characteristics of four routes.

	AMAZON RAINFOREST	MACHU PICCHU	CUSCO	LAKE TITICACA
Numbers of days				
Transport				
Accommodation				Local home
Activity	Boating, hiking, exploring nature			

设计说明：学生通过该表格的填写，梳理各条旅行线路的特色，更清晰地了解文章脉络，构建新认知。

Activity 6　Retell

Students retell the second passage according to the chart.

设计说明：通过重述，内化所建构的结构化知识，为后面的输出打下语言的基础。

Activity 7　Appreciate the language

Students are required to read the second passage again and find out the following details: Which word and sentence in the brochures attract you most? Why?

设计说明：引导学生欣赏旅游宣传册中的语言，并归纳其特点和作用，如运用形容词使表达更生动，用第二人称拉近与读者的距离，描述活动时使用各种动词更加吸引读者等，为下面的语言输出作铺垫。

Activity 8　Make a travel plan

Students work in groups of four and each group try to make a travel plan for one of the following four tourists who have different interests and share their plans in class.

Peter：active，crazy about wild animals

Jane: fond of architecture and history

Laurie: love the countryside and the unique local culture

Anthony: an explorer, food lover

设计说明：这是一个开放性的制定旅游路线的活动，旨在加深学生对文本的理解，将文本信息应用于生活情境，促使学生积极思考并为其提供语言模仿和输出的机会。通过小组合作、同伴讨论，使学生在新的语境中建构知识结构。

Assignment:

With the discussions in class, write a short passage introducing the travel destination and route for one of the tourists above and share it in the next period.

设计说明：课后作业体现读写结合，要求用阅读中学到的主题内容、词汇句型，结合个人想法，创造性地完成一篇旅游小册子的写作，实现知识迁移的目标。

七、专家点评

本教学设计充分体现出对学生英语学科核心素养的培养，具有以下特色。

第一，链接学生个体经验，创设情境，引入话题。通过提出"你喜欢旅行吗？人们为什么旅行？去过哪些地方？"这三个问题激活学生已有经验，激发学习兴趣，奠定阅读基础。播放一段介绍秘鲁的视频让学生对这个国家有个大致的了解与直观的认识，形成阅读期待。

第二，培养学生辨别文体能力。充分利用标题、副标题、图片、语言特点等信息，引导学生初步辨别百科全书和旅游手册两种文本类型，形成对这两种文体的科学认知。

第三，引导学生对比和赏析文本语言。教师先让学生找出最吸引他们的单词和句子，然后引导学生感知和对比两个文本的语言，培养他们发现、分析、赏析文本写作手法的能力，为日后写作类似文本打下语言基础。

第四，活动设计体现生活化和整合化。通过整合运用语言的任务帮助学生巩固所学的内容，在新的语境中完成所学主题内容和语言知识的实践运用，提升综合语言运用能力，如活动一从生活引入，活动四让学生学会从地图中提取信息，活动八根据不同人的实际需求给他们制定个性化的旅游路线等。

授课教师：吴爱姣
授课对象：海南中学高一学生
课　　型：阅读课
时　　长：2 课时

一、文本解读

1.主题语境：人与社会——体育——体育明星与体育精神。

2.语篇类型：人物介绍类文本。

3.文本分析：本单元的主题为"运动与健康"。本文为阅读与思考板块的语篇，主题为"选择你最喜欢的运动员"，旨在引导学生通过推荐自己心目中的"体育界活传奇"，介绍体育明星或杰出运动员的相关事迹，学习他们身上的运动员精神，感悟做人做事的道理。

【What】本文为杂志文章，开头为引领段，介绍活动的背景——请读者帮忙评选"体育界的活传奇"。正文共两个段落，以人名为小标题，分别介绍郎平和迈克·乔丹的辉煌成就以及他们的精神品质与人格魅力。作为一名运动员，郎平为她的国家带来了荣誉和荣耀。作为一个教练，她带领中国女排在世界锦标赛和奥运会上夺得奖牌，受到国内外球迷的敬仰热爱。在执教中国女排的过程中，她遇到过诸多困难，但她以坚强的意志力、迎难而上的决心，带领中国女排走向巅峰。迈克·乔丹用优雅的动作和特色的跳跃改变了篮球运动，被誉为"飞人乔丹"。他成功的秘诀在于能从失败中吸取教训。失败教会他更加努力，永不放弃。在生活中，他乐于与他人分享经验。他在芝加哥成立"男孩女孩俱乐部"，帮助青少年开展篮球运动。文章在最后要求读者将自己的推荐信发送到指定邮箱。

【Why】"体育界活传奇"评选活动要求学生阅读文章，了解郎平和迈克·乔丹的成就及他们成绩斐然、广受欢迎的原因。根据评判标准——"masters in their sports"和"set good examples for others"分析判断郎平和乔丹能否可以当选。通过深度阅读文本，让学生了解两位著名运动员的成就，学习他们的精神品质，理解运动员的成功源于他们优秀的精神品质，知道体育运动不仅能强健体魄，还可以锻炼意志和品质，学会与人合作、承受压力、挑战个人极限。通过评选活动，引导学生理性思考、客观评判，培养概括整合、分析论证、推理判断、理性表达的能力。

【How】本文为杂志文章。全文由引领段、附加段、标题、小标题、正文、插图组成。引领段和附加段为"体育界的活传奇"评选活动的背景、评选标准和要求。通过两个祈使句"help us choose..." "send your suggestions..."提出活动要求，用"they must be athletes who are..."情态动词句框定两条评选的标准，语言简洁，要求明确。

文章的标题"Living Legends"采用了头韵（alliteration）的修辞手法，小标题分别为"Lang Ping" "Air Jordan"，其中"Air Jordan"用了比喻的修辞手法。标题朗朗上口，形象生动，易引起读者注意。

正文共两段话，每段约150词，分别介绍郎平和乔丹的传奇故事。全文结构清晰，逻辑清楚。文章虽然以记叙为主，但运用了一定的修辞手法和说明方法，使得语言既简洁又生动。

第一段通过采用"总—分"的结构。先通过"As a player..." "As a coach..." "As a person..."三个排比句概括郎平的成就和影响，然后通过迎战2015 World Cup、2016 Olympics两个事例描述郎平具备迎难而上的决心、团队合作的精神和卓越的领导才能。第二段开头为情境描写导入，通过"time seemed to stand still"的拟人手法和"known as 'Air Jordan'"比喻手法描写乔丹篮球技艺高超，极具画面感。接着通过转折分句"but the mental strength that he showed made him unique"突出他所展现的精神力量很强大。随后引用乔丹的原话说明他不惧失败，永不言弃，善于从失败中学习的品质。最后通过乔丹创建"男孩女孩俱乐部"的事例说明他乐于分享、乐于助人的品质。

教学过程中可以引导学生进行课后拓展学习，深入了解郎平与乔丹的事迹，进一步感悟并学习他们的品质。

二、学情分析

授课班级学生的英语基础较好，能接受全英文授课；学习态度认真，学习热情较高，能积极参与互动交流。以3×3英语学科能力要素框架为指导，大部分学生能提取、概括重点信息，能用英语自信地表达观点，但在梳理文本篇章结构，厘清信息逻辑，整合信息、形成结构化知识方面，需要花费较长时间。此外，学生的描述与阐释、推理与论证、批判评价的能力有待提高。

学生对体育明星这一话题比较感兴趣，对郎平、乔丹也有一定的了解，对体育精神、运动员的优秀品质有初步的思考。但多数学生对郎平、乔丹身上的精神品质，以及具体的成就与事迹了解不深，难以深刻领悟他们的品质对他们成功所起的作用，需要进行一定的课外拓展学习。学生对篇章结构已有一定认知，但对杂志文章的结构特征、标题特征、语言特征等了解不深，需要教师引导他们去关注、分析。此文词汇、句式简单，逻辑清晰、描写生动，适合引导学生对文章的篇章结构和语言进行深入分析，探讨主题意义。

三、教学目标

通过本节课的学习，学生能够：

1.通过浏览文章的版式、标题、插图、引领段和附加段，识别杂志文

章的基本特征，获取有关"体育界活传奇"评选活动的评选标准和要求。（A1感知与注意，A2获取与梳理）

2.基于文中的两条评选标准（master in their sports, set good examples for others），梳理、整合郎平和乔丹的成就、技艺与精神品质，制作信息结构图，分析评判郎平和乔丹能否被评为"体育界活传奇"。（A2获取与梳理，A3概括与整合，B2分析与判断，B3内化与运用，C1推理与论证）

3.评估文本提供的论据、语言表述是否有足够的说服力，补充自己课外获取的有关郎平与乔丹的信息，分析如何充实文本才能使推荐更有说服力和感染力。（B2分析与判断，C1推理与论证，C2批判与评价）

4.讨论并分享自己心目中的"体育界活传奇"，注意证据的说服力和表达的感染力。（C2批判与评价，C3想象与创造）

四、教学重难点

1.教学重点：

（1）梳理郎平与乔丹的信息，制作信息结构图，并对他们能否当选做出分析与判断。

（2）讨论并分享自己心目中的"体育界活传奇"。

2.教学难点：

评估文本提供的论据、语言表述是否有足够的说服力，分析如何充实文本才能使推荐更有说服力和感染力。

五、教学资源

课件，黑板，《夺冠》电影视频等。

六、教学活动与设计说明

Activity 1 Lead-in

1. Students watch a short video about exciting moments of the 2021 Tokyo Olympics, and talk about some famous athletes they know in the Olympic games.

2. Then they share in groups of four about their favorite athletes based on the following questions.

（1）Who is your favourite athlete?

（2）Why do you like him/her? How are you inspired by him/her?

（3）Do you think he/she is a master?

设计说明：通过播放2021年东京奥运会精彩时刻的相关视频导入体育运动情境。要求学生分享自己最喜欢的运动员及其原因，链接个体经验，激活先验知识，同时了解学生对运动员，如郎平、乔丹的了解程度，对话题词汇的掌握，定位信息差与知识差，融入部分话题词汇，如"athlete" "master"的教学。

Activity 2 Predict and skim

1. Students go through the layout, picture, title and subtitle, analyze the features of the text and predict what the text will talk about and where the text is from.

2. Students read the lead paragraph as well as the additional information to know about the background and requirements of the activity of choosing "Living Legends of Sports", including the following aspects.

（1）Criteria for choosing: they must be master in their sports and set good examples for others.

（2）Way of submission: send your suggestions for "Living Legends of Sports" to *LLS@sports.net*.

设计说明：通过浏览文章版式、标题、副标题、插图，预测文章的主要内容和来源，让学生感知、分析、识别杂志文章的编排特点，增强语篇意识。通过浏览引领段与结尾附加段，获取有关"体育界活传奇"评选活动的背景、评选标准和推荐信提交方式等重要信息，让学生带着目的阅读，为评选活动作好铺垫。

Activity 3　Read and judge

1.Students work in pairs with one focusing on Lang Ping and the other on Michael Jordan, reading the text and collecting evidence about the two athletes based on the two criteria. Then they draw a mind map about Lang Ping and Michael Jordon based on evidence collected.

2.Based on their mind maps, students share evidence about Lang Ping or Michael Jordan in pairs. Then they discuss and make judgements about whether Lang Ping or Michael Jordan can be chosen as "Living Legends of Sports".

3.Some students share their opinions with the whole class. And talk about what they have learned from the two athletes.

设计说明：基于两条评选标准，学生搜集证据或关键信息并画出思维导图，获取、梳理与整合郎平和乔丹作为"体育界活传奇"的关键信息，构建结构化主题知识。通过讨论、评判、分享活动，深入理解评判标准，构建信息逻辑，培养分析、论证、判断、整合信息的能力。

Activity 4　Read and evaluate

1.Students read the whole text carefully and underline sentences that impress them and explain why they are impressive.

2.Students discuss whether the evidence presented in the text is powerful and impressive enough and explain why.

设计说明：通过对文本信息和表达方式的思考，评价信息的说服力，明晰证据的描述与论证手法，引导学生解构信息逻辑与文本语言特征，深度理解本文，赏析语言，培养分析与论证、评判与评价的高级思维能力，同时将语言知识的学习融入其中。

Activity 5 Discuss and improve

Based on Activity 4, students discuss：How can we improve the text to make our suggestions more convincing？ Students may add information about Lang Ping and Michael Jordon based on the movie *Leap*（《夺冠》），and other information they have collected before this lesson.

设计说明：基于活动四发现的问题，学生尝试改进文本，可以补充自己课前搜集的有关郎平和乔丹的信息，使自己的"体育界活传奇"推荐更具说服力与感染力。本活动旨在培养学生的想象力与创造力，同时通过信息补充、文本改进，提高学生的语言表达能力。

Activity 6 Share and vote

Students talk about another Living Legend of Sports in their minds, and explain why. Then the whole class will vote for the most popular one.

设计说明：学生运用本课所学的语言表达与文化知识，谈论自己心中的体育界活传奇，最后全班投票选出其中最受欢迎的运动员。本活动给学生创设评选活动的情境，让学生在具体的生活情境中运用所学知识，培养迁移、应用、想象、创造的能力。

Assignment：

Write a short passage about the Living Legend of Sports in your mind and tell how you have been inspired by him or her. Send it to *LLS@sports.net*.

设计说明：将本课学习成果转化为书面文本，深入理解"体育界活传奇"的评判标准，以创造性的语言描述自己心目中的"体育界活传奇"，巩固所学的语言文化知识，实现语言能力、思维品质、文化意识、学习能力的综合提升。

七、专家点评

从整个教学设计来看，主线突出，逻辑连贯，学生的学习围绕意义探究，从感知注意到获取梳理，再到概括整合，按学习理解、应用实践、迁移创新三个活动层次逐渐进阶，学生的思维发展从低阶逐步走向高阶，体现出对学生英语学科核心素养的培养。

第一，任务驱动，学以致用。教师先让学生浏览引领段与结尾附加段，获取有关"体育界活传奇"评选活动的背景、评选标准和推荐信提交方式等重要信息，告知学生有这样的一项活动，他们将根据读后获取的信息，即评选标准选出自己心目中的体育界活传奇来参与这项活动，激发了学生的阅读兴趣和自主性。学生在最后的输出活动中，利用所学知识和语言表达谈论自己心目中的体育传奇人物，是学有所得、学有所用的表现。

第二，整合语言学习，提升思维品质。教师先让学生浏览引领段与结尾附加段，然后引导学生抓住导语中的评价标准，为阅读理解构建框架，梳理出篇章结构和语言特点。教师充分利用文本的特征和行文逻辑，训练学生的逻辑思维，之后通过让学生评价信息的说服力，尝试补充信息和改写文本，培养他们的批判性思维能力。

第三，转变传统的阅读模式，提高阅读效率。由于两段文本内容相对独立，教师采用先拼读，强调组内成员的阅读任务各有侧重，构建信息差，然后再讨论、认真倾听、补全信息，让学生互助互学，形成立体的交互思维，提高阅读效率。

人教版必修一 UNIT 4

THE NIGHT THE EARTH DIDN'T SLEEP

授课教师：王英

授课对象：海南省农垦中学高一学生

课　　型：阅读课

时　　长：2 课时

一、文本解读

1.主题语境：人与自然——灾害防范——自然灾害与防范。

2.语篇类型：纪实性报告文学。

3.文本分析：本单元的主题为"自然灾害"。本文为阅读与思考板块的语篇，旨在让学生通过阅读文本，了解20世纪70年代唐山大地震所造成的损失，以及唐山人民在灾难面前不屈不挠、守望相助，最终重建家园的感人故事。

【What】文章标题为"THE NIGHT THE EARTH DIDN'T SLEEP"，语篇的明线为地震发生的过程，暗线为人民在地震中的感受和情绪。全文共有五个段落。第一段讲述了地震前，唐山地区乡村发生的一系列反常现象，即地震前兆。第二段讲述的是凌晨地震发生时的惊悚场景，从强烈的震感、巨大的破坏、人们遭受的痛苦三方面呈现地震带来的毁灭性后果。第三段从工厂和建筑、桥梁和铁轨的损坏情况，各种动物的死伤情况以及人们的感受等方面，详细描写了地震后唐山市的满目疮痍。第四段讲述的是地震的救援工作，在包括解放军、医护人员等全国人民的支援下，城市逐渐恢复生机。第五段讲述了灾后的重建工作。身处绝境但绝不放弃希望的唐山人民在政府的大力支持下，在废墟上重建家园，唐山重获新生。

【Why】作者通过回顾唐山大地震这一巨大灾难，帮助读者了解地震的相关常识，以便他们掌握在地震或突发灾难时如何自救、救人。同时，通过介绍地震发生时人们的情绪和情感，引起读者共情，启迪读者要懂得珍惜生命并关爱他人，在巨大自然灾害面前要坚定团结、守望相助，以积极乐观的心态重建家园。

【How】本文是关于地震的纪实性报告文学。标题"THE NIGHT THE EARTH DIDN'T SLEEP"用了拟人的修辞手法，激发读者的阅读兴趣。文章按照时间顺序，根据"地震前的征兆——地震导致的毁坏——地震后的救援——灾后重建家园"的主线推进，内容环环相扣，逻辑清楚，行文自然。全文共有五个段落，每个段落均有主题句。时态语态方面，回顾唐山大地震的过程主要使用了一般过去时和被动语态，描绘唐山的现状主要用了现在完成时。

第一段介绍地震的前兆。首句"Strange things were happening in the countryside of northeastern Hebei."是段落的主题句。围绕关键词"strange things"（地震的前兆），从视觉（water rose and fell, deep cracks, bright lights）、听觉（loud noises）和嗅觉（smelly gas）等不同方面生动描述了地震前唐山地区出现的一系列反常现象，既为后文大地震的发生做了铺垫，也为读者普及了地震征兆的常识。段末最后一句"But the city's one million people were asleep as usual that night."暗示了后文地震造成巨大伤亡的原因之一，突出了解地震相关常识对于自救和救人的重要意义。

第二段介绍地震发生时的场景。按地震发生的时间顺序（at 3:42 a.m., in less than one minute），用描述性动词、形容词及词组（began to shake, felt, cut across, lay in ruins, most deadly, killed, dead, badly injured）和具体的数据（150 kilometers, eight kilometers long and 30 meters wide, one third, two thirds, thousands of, more than 400,000），再现了唐山大地震发生时的震撼场面，及其造成损害的区域之广和伤亡之大。为了传递人们的情感，体现报

告文学生动形象的特色，作者还运用了夸张（It seemed as if the world were coming to an end!）和暗喻（Hard hills of rock became rivers of dirt.）等修辞手法来呈现地震带来的毁灭性后果和唐山人民当时的无助、痛苦和绝望。

第三段介绍地震造成的巨大损失。首句"Everywhere survivors looked, there was nothing but ruins."把地震后的满目疮痍描写得淋漓尽致。作者继续运用数据（75 percent, 90 percent, all of, most, tens of thousands of, hundreds of thousands of, millions of）描述地震带来的巨大损失，充分体现了纪实性报告文学的客观真实特点。同时，运用了一连串短句对实物进行描写，并且运用了明喻（Bricks covered the ground like red autumn leaves...）的修辞手法，使画面感强烈、有冲击力。最后一句"People began to wonder how long the disaster would last."真实传递了灾区人民绝望和无助的心情。

第四段介绍地震的救援工作。首句"But hope was not lost."统领全段，让人燃起希望。时间状语"Soon after the quakes"表明灾后救援的紧急、迅速。在解放军、医护人员和救援人员的共同努力下，震后的救援工作取得巨大成效。最后一句"Slowly, the city began to breathe again."运用了拟人的修辞手法，展现了在政府和全国人民的共同努力下，唐山复苏发展的可喜画面。

第五段介绍灾后重建家园。首句"Tangshan started to revive itself and get back up on its feet."直接呈现了唐山逐渐恢复并重新焕发生机的可喜局面。"strong support"和"tireless efforts"充分体现了在政府的领导和支持下，唐山人民团结奋斗，重建家园的感人画面。后半段用现在完成时为我们描绘出一个经过唐山人民努力拼搏而重建起来的更加美好的唐山。最后一句点明主题：在灾难面前，我们只有保持积极的心态，和衷共济、守望相助，才能创造更加美好的未来。

二、学情分析

以3×3英语学科能力要素框架为指导，该班学生分析与判断、内化与运用、推理与论证、批判与评价、想象与创造能力薄弱，具体表现如下：第一，不能独立准确提取文本关键信息并整合处理形成结构化知识，再基于结构化知识运用主题语言进行阐述；第二，根据文本字面信息判断、论证作者的写作意图等思维能力有所欠缺，且由于语言表达能力薄弱，不太敢于表达自己的见解；第三，想象力丰富，但主题语言的迁移运用能力相对比较薄弱。

唐山大地震因为发生的时间比较久远，对于学生而言比较陌生。但学生通过各种媒体，对地震，尤其是发生时间相对比较近的汶川大地震还是有一定的了解。但对于唐山大地震的危害、地震中人们的真实感受不能完全把握。文章以时间为行文线索，结构清晰，内容难度不大，然而，学生第一次接触纪实性报告文学，对此类文本的特征不太了解。同时，文章的主题词汇较多，定语从句的使用使得长难句偏多，且文本篇幅较长，学生在透过字面意思去理解作者的写作意图、探究主题意义方面有一定难度，需要教师设计有层次性、有针对性的活动予以引导。

三、教学目标

通过本节课的学习，学生能够：

1.获取段落主题句和关键词，梳理关于唐山大地震的事实性信息，形成信息结构图。学会运用文本的主题词汇和信息结构图，描述唐山大地震发生的经过和唐山人民的情绪感受。（A1感知与注意，A2获取与梳理，B1描述与阐释）

2.思考并回答基于语篇的深层次问题链，判断、论证作者的写作意图，探究文本的主旨。（A3概括与整合，B2分析与判断）

3.通过梳理文本信息和思考问题链，赏析语篇的主题语言、语言风格和修辞手法，分析、评价纪实性报告文学的语言风格和写作特点。

4.能够完成关于汶川大地震中北川中学的伤亡和救援情况的描述报告，实现文本语言和主题的迁移创新。（C3想象与创造）

四、教学重难点

1.教学重点：

梳理关于唐山大地震的事实性信息，并形成信息结构图；根据信息结构图和文本的主题语言，描述唐山大地震发生的经过。

2.教学难点：

思考并回答深层次问题链，赏析语篇的语言风格和修辞手法，判断、论证作者的写作意图，探究语篇的主题意义。

五、教学资源

课件，黑板等。

六、教学活动与设计说明

Activity 1 Lead in and predict

1.Teacher plays a video clip from the movie called *Aftershock* and asks the following questions.

（1）What's happening in the video?

（2）How do you feel about the earthquake?

（3）What else do you want to know about the earthquake?

2.Teacher guides the students to talk about their understandings of the title, then students predict the content of the passage according to the title and pictures.

（1）What's your understanding about the title? What literary device is used in the title?

（2）What do you expect to read in the passage according to the title and the pictures?

设计说明：在导入环节，教师通过播放电影《唐山大地震》的相关片段让学生直观地感受地震来临前的状况和地震发生时的震撼场面，并通过简单语言描述地震的巨大破坏性，帮助学生感知地震的可怕，为学习课文作好铺垫。

通过讨论标题，激发学生的学习兴趣，让他们初步感知纪实性报告文学的文本特征。然后，引导学生通过标题和图片对文本内容进行预测讨论，激励学生主动积极思考的同时，让他们对即将阅读的文本内容有一个大致的了解和把握，进而明确阅读目的并提高阅读速度。

Activity 2 Read, integrate and internalize

1.Students skim the passage and find out the topic sentence of each paragraph.

2.Students summarize the main idea of each paragraph by picking out the time phrases and key words, then divide the passage into three parts.

3.Students draw a mind map according to the main idea and key information of each part in groups.

4.Students discuss the change of people's feelings in the earthquake and find out the supporting sentences in the passage. Teacher guides the students to guess the meaning of new words, analyze long sentences or learn some key expressions if necessary.

5.Students talk about Tangshan earthquake and the change of people's feelings according to the mind map in their own group. Then teacher asks some groups to share with the whole class. Teacher asks some follow-up questions and makes some comments if necessary.

设计说明：首先，引导学生根据主题句归纳段落主旨并根据地震发生的时间顺序将文本划分为震前预兆、震中损害、震后救援及重建三个部分。帮助学生从整体上把握文本的大致结构，梳理出思维导图的主要架构，运用相关主题词汇提炼出各部分的主要信息，形成文本的结构化知识。其次，引导学生分组讨论唐山大地震中人们情绪的变化并找出文中相应的句子佐证，培养学生论证和推理的深层思维能力，同时引发学生的共情。根据学生的实际情况，讲解文本时适当融入生词、重点短语和长难句等的学习，在扫清阅读障碍的同时，实现语言，内容和思维的有机统一。再次，引导学生通过小组内部汇报思维导图进一步梳理文章的内容和内化主题语言，能运用并内化主题语言。最后，请两组代表上台呈现，教师适当引导、点拨和追问，帮助各组完善思维导图，内化主题词汇，进一步加深学生对文本内容的学习理解。

Activity 3 Analyze and evaluate

Students read the details of each part and answer the following questions from the passage.

1.Part 1（Paragraph 1）The signs before the earthquake

（1）What was people's reaction to the strange things?

（2）Why should we learn about the strange things before an earthquake?

（3）What's the features of the language for describing the strange signs?

2.Part 2（Paragraph 2-3）The damage during the earthquake

（1）How does the writer show the readers that "nearly everything in the city was destroyed"? Why are so many data used in this part?

（2）What literary devices are used in this part? How can you tell? Why are they used here?

（3）Why did the Tangshan earthquake cause such huge damage?

（4）How do you feel after reading the information? Why?

（5）What's your understanding about the title after reading this part? Can you suggest another title?

3.Part 3（Paragraph 4-5）The rescue and the revival after the earthquake

（1）What's your understanding of the two sentences："But hope was not lost" and "Slowly, the city began to breathe again"?

（2）What literary devices are used in the two sentences?

（3）What can we learn from Tangshan's revival?

设计说明：教师通过整合全文内容，以文本的主题意义为引领，以深层次问题链的形式引导学生进行深层思考和论证，培养学生严谨的逻辑思维能力和深度的批判思维能力。问题设计具有层次性和关联性，引领学生层层深入学习语篇所承载的文化和价值观等具有深刻内涵的内容，帮助学生感悟作者的写作意图，进而深入探究文本的主题意义。同时，此环节也是对文本语篇知识进行深入学习的重要环节，有利于引导学生关注纪实性报告文学的语篇特征，理解并赏析数字和相关修辞手法的运用，以提高语言运用能力。

Activity 4　Describe and share

1. Students watch a video clip about the serious damage of Beichuan Middle School and the heartbroken parents who lost their beloved kids in Wenchuan Earthquake.

2. Students act themselves as the school English news reporters. Teacher asks them to discuss the video and describe it in groups according to the following aspects.

（1）The damage, the rescue and your reflection should be included.

（2）Some data and at least one literary device are necessary.

（3）About 80 words.

3. Some representatives from different groups share their report. Teacher makes comments if necessary.

设计说明：教师利用自己剪辑的视频为学生重现汶川地震的情形，创设真实的情境，让学生对比感受地震前北川中学师生和谐美好的校园生活和地震后校园的满目疮痍。视频中因失去孩子而心碎绝望的父母的画面，能触动学生的心灵，帮助他们进一步强化对地震危害的认识，懂得珍惜生命，达到进一步深化主题意义的效果。随后，假设学生是校报英文记者，根据视频中的内容，按要求描述北川中学在地震中的伤亡和救援情况，实现语篇的主题语言和写作手法的迁移创新。学生通过自己的反思,进一步深化对主题的认识,形成面对巨大灾难时应有的正确价值观。同时,通过与同伴的讨论、互助及分享,培养自主合作精神和评价、批判意识等。

Assignment:

Work in groups, surf the Internet for more information about Tangshan Earth-quake and Wenchuan Earthquake, finish the form to compare the two earth quakes. And answer the questions: What do you think brought more damage in Tangshan? What lessons can we learn from them?

Item	Tangshan Earthquake	Wenchuan Earthquake
Time		
Place		
Magnitude		
Lost		
Injured		
Deaths		

设计说明:通过小组合作,查阅并对比唐山大地震和汶川大地震的相关情况,进一步思考唐山大地震造成巨大伤亡的原因,增强学生对地震危害的认识,引导学生重视自然灾害,树立防灾意识,并形成积极有效的应对地震的态度和方法,进一步加深他们对语篇主题意义的理解。

七、专家点评

本教学设计充分体现出对学生英语学科核心素养的培养,具有以下特色。

第一,文本解读充分,目标定位精确,活动设计有层次。教师从文体、内容、写作意图、语言运用等多维度解读文本,挖掘文本内涵,让学生理解文本的体裁特征及语言特色。教学目标的定位兼顾了文本和学情,英语学习活动观一直紧密贯穿于整个教学设计过程中，从学习理解、应用实践到迁移创新，活动的实施紧扣教学目标的实现，环环相扣，层层深入。

第二，体现结构化、整合化原则。教师围绕问题链和活动链进行设计，通过让学生画思维导图，按震前、震中、震后的时间顺序，并运用相关主题词汇提炼出各部分的主要信息，构建文本的结构化知识，基于思维导图让学生汇报地震情况和地震中人们的情感变化，这是内化文章语言和主要内容的过程，也为最后的输出打下良好的基础。然后，教师整合全文内容，通过一系列的具有层次性的问题引导学生分析语言，感受文中人们的情感变化，理解写作目的。最后，教师再依托文本语境，创设新的情境，让学生整合性地进行运用输出，促进英语学科核心素养的养成和发展。

第三，设计问题链，引导深度阅读，提升学生思维品质。教师以文本的主题意义为引领，设计一系列具有层次性和关联性的问题，形成深层次问题链，引导学生进行深层思考和论证，深入学习语篇所承载的文化内涵和价值观导向，探究文本的主题意义，培养严谨的逻辑思维能力和深度的批判思维能力。

人教版必修一 UNIT 5

THE CHINESE WRITING SYSTEM : CONNECTING THE PAST AND THE PRESENT

授课教师：吴聪燕

授课对象：屯昌中学高一学生

课　　型：阅读课

时　　长：2 课时

一、文本解读

1.主题语境：人与社会——历史、社会与文化——社会进步与人类文明。

2.语篇类型：说明文。

3.文本分析：本单元的主题为"世界上的语言"。本文为阅读与思考板块的语篇，重点介绍了汉字的发展历程以及汉字对中华文明传承所起的积极作用，同时彰显汉字的重要性和当代中国的国际地位。

【What】该语篇重点介绍了汉字的发展历程以及汉字对中华文明传承所起的积极作用。作者在文本第二、三、四自然段按时间顺序梳理了从几千年前刻在龙骨上的象形符号，到商朝、秦朝的文字变迁，再到今日现代汉字数千年的发展历史。文本的第四、五、六自然段重点说明了汉字体系对中华文明传承所起到的四个作用：连接时间上的过去和现在，连接空间上生活在不同领域的人们，连接语言和艺术，连接中国与世界。

【Why】中国是一个具有悠久历史的国家。汉字对中华文明传承所起的作用十分重要。文本通过叙述汉字数千年的发展历程，以期让学生梳理探索汉字在中华文明的传承上所起的作用，体会汉字的魅力，培养家国情怀，增强文化自信。

【How】该语篇标题为"THE CHINESE WRITING SYSTEM：CONNECT-ING THE PAST AND THE PRESENT"。标题间用冒号将 THE CHINESE WRITING SYSTEM 和 CONNECTING THE PAST AND THE PRESENT 连接起来，暗示了本语篇的主题内涵。语篇属于人与社会的主题语境，类型为说明文，重点介绍了汉字的发展历程及汉字对中华文明传承所起的积极作用。

文本共包含六个段落。作者在第一段就介绍了中华文化之所以能源远流长，与汉字有着不可分割的关系。该段中作者使用了 continued all the way, despite, ups and downs 等词汇生动刻画了中国汉字发展的曲折。作者在第二段点明了汉字属于象形文字，起源于最初时期的龙骨。其中运用了含有被动语态的定语从句介绍龙骨："...longgu—animal bones and shells on which symbols were carved by ancient Chinese people."这些文字符号之所以能流传下来与其保存的方式有着密不可分的关系。作者在第三、四段介绍了中国文字从分到合的发展过程：商朝时期，汉字的雏形（象形符号）已经发展成熟，人们在不同地区使用不同的方言和文字。第四段首句运用了一个定语从句 "...united the seven major states into one country where the Chinese writing system began to develop in one direction."简明扼要地表述了秦始皇统一七国后文字也随之统一。同时该段也指出了统一对文字发展的重要影响："...of great importance in uniting the Chinese people and culture."引出了文本的暗线，即汉字体系对中华文明传承所起到的重要作用。第五段为过渡段，"also"一词点明书法作为中华文化的一部分，将古汉字和现代汉字文化连接起来。第六段讲述随着中国的日渐强大，汉字的影响力也越来越大。

文本包含两条线索，一条是文章的明线，即汉字体系数千年的发展历史。另一条是呼应标题中的题眼"connecting"（连接）的暗线，即汉字体系对中华文明传承所起到的四个重要作用。第一，连接时间上的过去和现在，体现在第四段中的"of great importance"（统一的汉字连接着中国的过去和现在，中华文明得以传承、古典精髓得以保存和发扬都与汉字书写体系的沿革息息相关）。连接空间上生活在不同地域的人们，体现在第五段的"an important means"（统一的汉字使得不同地域、说不同方言的人民进行沟通和交流成为可能）。连接语言和艺术，体现在第五段的"an important part"。连接中国与世界，体现在第六段的"still an important part"。对于后面两个"连接"的说明是作者跳出时空局限，就汉字发展为书法这种艺术形式后对中国文化所作的贡献，并结合我国的发展形势与世界各地越来越多的人愿意学习汉语的现状，说明了汉字将在对外交流中起到重要的连接作用。

二、学情分析

授课班级学生的英语基础相对薄弱，不太适应全英文教学。以 3×3 英语学科能力要素框架为指导，该班学生能在平时的阅读中概括整合相关的语言信息，但在描述与阐释过程中时常犯语言错误，在分析判断、内化运用、提取文本主要信息方面也容易出现缺失或混乱，一些推理论证类活动也需要教师的指导帮助才能完成。

从文本话题的角度看，学生从历史、书法欣赏等课堂学习中和平时的生活中对汉字演变历史有所接触。这些背景知识能帮助学生理解汉字的发展历程，但关于汉字对中华文明的传承所起的作用方面仍需要教师深入挖掘文本，引导学生思考。从语言能力上看，学生的英语基础相对较弱，要读懂这篇文章有较大的难度，需要课前预习与主题相关的一些生词，如"civilization""geographically""characters""calligraphy"等。另外，文本中也有较多的长难句，如第二段的第二句、第五段的最后一句，这些句子的词数将近30，且句式比较复杂，会给学生理解文本造成比较大的困扰，教师需要加以关注和指导。

三、教学目标

通过本节课的学习，学生能够：

1.按照时间的顺序梳理出中国汉字体系的发展历史，并借助文本中的语言知识将这个发展过程简要地表述出来。（A1感知与注意，A2获取与梳理，B1描述与阐释）

2.分析归纳出汉字体系对中华文明传承所起的四个作用：连接过去和现在，连接不同地域的人们，连接语言与艺术，连接中国与世界。（A3概括与整合，B1描述与阐释，B2分析与判断）

3.基于汉字发展的历史和现状，合理推测未来汉字在全球范围内的发展与运用情况。（B2分析与判断，C1推理与论证，C3想象与创造）

四、教学重难点

1.教学重点：

（1）梳理汉字的发展史，归纳不同时期汉字发展的特点，建构相关知识结构图。

（2）基于知识结构图描述汉字发展历史。

2.教学难点：

在初步掌握语言知识的基础上理解文本的深层内涵，即汉字与中华文明传承的关系，并利用所学的语言知识表述自己对汉字未来发展的设想。

五、教学资源

课件，黑板等。

六、教学活动与设计说明

Activity 1 Think & Predict

1.Students take a look at the picture-based character "车", observe the evolution of the character "车".

2.Students guess a group of modern Chinese characters that ancient pictographic characters finally evolved into.

3.Students discuss the title and illustration in the text. Teacher help students understand not only the meaning of new words and expressions like ancient, carved, symbols, characters, civilizations, but also their past and present writing system, etc. While discussing the topic, students predict what the text is mainly about according to the title and illustration.

设计说明：让学生观察"车"字的演变历程，从而引发他们对主题知识的学习兴趣。要求学生根据象形文字图像猜测文字，通过讨论图片内容，引出新词，进而延伸出文本主题，激发学生阅读兴趣。围绕主题创设情境，铺垫必要的语言和文化知识，引出要解决的问题。

Activity 2 Read & Verify

1. Students read the text quickly, check the prediction and find out the topic sentence of each paragraph, then summarize the general idea.

2. Students scan the text and find out the expressions related to the topic, complete the following details.

Paragraph 2:

The earliest written Chinese was a _____ language.

Dating back to thousands of years ago, Chinese people _____ on animals bones and shells.

Paragraph 3:

Symbols carved on Longgu had become a _____ writing system, but in _____ forms.

The Chinese people _____ geographically, leading to many varieties of _____ and _____.

Paragraph 4:

The written Chinese develop in _____ direction because Emperor Qingshihuang _____ the seven major states.

Paragraph 5:

The high regard for the Chinese writing system, calligraphy, because _____.

3. Students sort out the development of Chinese characters in the order of time. Teacher shows the outline of the development in coordination with the students' responses.

设计说明：学生先快速阅读文本，检验之前的预测是否与文本内容相符，然后找出每段的关键词或主题句，概括段落大意，梳理出汉字的发展主线。之后，再以寻读的方式阅读文本，找出与主题相关的词块，完成细节小题部分。该部分旨在训练学生快速阅读及寻读的能力。寻读过程中，教师需指导学生将与时间相关的表达圈出来，确定范围并进一步查找信息，查到信息后，可以用自己的语言表达出来。学生可以从语篇中获得新知，梳理、概括、整合并建立信息间的关联，形成新的知识结构。

Activity 3　Read & Explore

1.Students read the text again and find out the sentences in the text that explain Chinese characters and culture. Find out the important roles that the Chinese character play throughout the whole development in paragraph 4-6.

2.Students complete the following part.

Paragraph 4: ___...of great importance___ → ___uniting the Chinese people and the culture___

　　　　→ connecting ___the people___ with ___the culture___

Paragraph 5: ① _____ → _____

　　　　→ connecting _____ with _____

　　　　② _____ → _____

　　　　→ connecting _____ with _____

Paragraph 6: _____ → _____

　　　　→ connecting _____ with _____

设计说明：学生再次以寻读的方式阅读文本，找出文中说明汉字与中华文化的句子，感悟汉字对中华文明传承及文化发展所起的作用。此活动旨在引导学生探究汉字在文化传承和连接中外方面的意义，感知并理解语言所表达的意义和语篇承载的文化价值。

Activity 4 Watch & Discuss

1.Students watch a short clip about the current international status of modern Chinese characters. Teacher guide students to think about the role that Chinese characters might play in the international affairs in the future.

2.Students discuss the advantages and disadvantages of Chinese system with the help of the language in the text.

3.Students talk about their opinions on whether Chinese could be a global language like English in the future.

设计说明：教师播放有关汉字当前国际地位的视频，引导学生思考汉语将来的发展趋势；借助文本的信息引导学生思考汉语系统的优势与劣势，并表达自己的观点，巩固课堂所学，深化对主题意义的理解。

Assignment：

Choose either of the following assignments.

1.Make a brief description about the development of the Chinese writing system.

2.Choose either of the opinion that you agree with in the discussion and finish the passage.

设计说明：为不同语言基础的学生设置了不同的选择性作业。第一项作业为简单介绍汉字发展历程。学生可根据本课梳理出的主线信息完成该作业。第二项作业为课堂最后一个活动的延续，即就汉语是否会成为国际语言发表自己的看法。学生在完成该部分作业时可借助文本中对汉字特点的理解，进行合理推断。学生可根据自身语言水平选择适合自己的作业，巩固并内化所学知识。

七、专家点评

本教学设计条理清楚，逻辑顺畅，基本达成教学目标，具有以下特色。

第一，主题明确，目标突出，读思融合。学习活动由易到难，层层深入，学生在教师引导下按时间顺序，提取各个时代汉字发展的具体表现，并借助建构出的主线信息和文本中的主题词汇将这个发展过程简单表述出来，然后，分析归纳出汉字体系对中华文明传承所起的四个重要作用。教师在处理信息的同时将语言学习融入其中，通过链接的方式，让学生多方面感知、理解、内化文中的核心词汇，从而使信息的构建和语言的学习得到融合，语言能力和思维能力得到共同提升。

第二，增强文化意识，坚定文化自信。文本蕴含丰富的文化知识，学生通过阅读，可以了解汉字书写体系的知识及中国书法这一艺术形式。教师通过问题引导，总结出汉字在中华文明传承上起到的四个重要作用，让学生体会到中华文明的源远流长和中国文化的博大精深，坚定文化自信。

第三，分层设计作业，针对性强。作业一为简单介绍汉字发展历程，基础薄弱的学生根据本课梳理出的结构化知识可以完成本作业，实现对所学内容的内化。作业二是就中文是否会成为国际语言发表自己的观点，需要借用文本中对汉字特点的理解，进行合理推断，整合运用所学语言来表达，强化对语篇主题的认识，对于基础好的学生来说可提升综合语言运用能力。

人教版必修二 UNIT 1

FROM PROBLEMS TO SOLUTIONS

授课教师：宿慧美

授课对象：海南中学高一学生

课　　型：阅读课

时　　长：2课时

一、文本解读

1. 主题语境：人与社会——历史、社会与文化——物质与非物质文化遗产。

2. 语篇类型：说明文。

3. 文本分析：本单元的主题为"文化遗产保护"。本文为阅读与思考板块的语篇，围绕"了解怎样解决问题"展开。通过分析和探讨在埃及修建阿斯旺大坝的过程中，文化遗产保护所面临的挑战与问题，以及解决问题的过程和办法，引导学生关注国际合作在问题解决过程中的关键作用，重视文化遗产保护与社会经济发展的平衡与协调关系，鼓励学生积极面对挑战，善于合作，不断努力寻求解决问题的合理途径和方式。

【What】文章第一段肯定了经济发展对于社会进步的重要性，但又提出有时追求新发展却难以兼顾保护历史文化古迹这一问题，因此如何平衡发展与文化保护是一个巨大的社会挑战。第二段分析问题，详细阐释了埃及修建阿斯旺大坝的过程中所遇见的问题，即修建水坝可能会毁坏当地的物质文化遗产。此后政府在听取了科学家、当地民众的意见后向联合国寻求帮助。在联合国的协调下，世界各国各界人士通过搬移原有古迹，完美解决了发展与保护历史文化古迹之间的矛盾。文章在最后一段分析埃及保护文化遗产的案例给世界人民带来的启示，即需要国际联合解决某些文化遗产保护的难题。

【Why】作者以阿斯旺大坝建设过程中遇到问题、解决问题的例子说明，发展与保护历史文化古迹在一定程度上是能兼顾的；面对发展与保护的矛盾，需要协调各行各业甚至是世界各国来共同解决问题。通过本文，作者传递了世界各国人民共同努力，保护人类共有文明的重要性，以期为读者树立"世界公民"的意识，同时给读者提供一种解决问题的思路与途径，即通过交流合作解决问题。

【How】文章是一篇说明文，题目"FROM PROBLEMS TO SOLUTIONS"，简洁明了地概括了文章主旨大义。整篇文章以问题解决为线索，涵盖以下部分：提出问题，分析问题，解决问题的过程，解决问题的结果、意义与启示。

在篇章组织结构上，本文每一段遵循固定的写作模式，即以主题句概括一个具体事件，段落中分别详细说明事件涉及的人物、行动与事件结果，如第三段中陈述了各国各行各业向项目提供的支持，第四段讲述了人们保护文化遗产的举措，第五段展示了项目的成功与意义。在文本语言上，作者选用精准的名词与动词（词块）来描述问题及问题解决的过程，如："proposal led to protests""A committee was established to limit...""contributions from different departments""raised funds"等。同时，作者运用定语从句，使行动与参与的人物更加具体，如"...scientists who has studied the problem, and citizens who lived near the dam..."等。此外，文中运用了列数据的说明方法，如"over the next 20 years""22 temples""\$80 million"等，使得事件描述更为精准。

二、学情分析

授课班级学生的英语水平较高,但个体水平差异大。以3×3英语学科能力要素框架为指导,该班学生总体学习理解能力突出,但分析与判断、推理与论证、批判与评价能力薄弱,具体表现为不能完整提取阅读材料中的逻辑线索,不能系统、完整地组织、合并及编排信息,使其内化成自己的语言进行阐述。该班学生喜欢结合推理判断能力与创造想象能力的任务,对待问题有自己独到的见解,但运用批判性思维,利用举例展开论证和评判的能力尚未形成。

在本单元"Listening and Speaking"的部分,学生积累了一定的关于保护历史文化遗产的背景知识与词汇。但该主题语境下,学生系统化的知识结构尚未形成,同时对于案例写作的语篇类型也比较陌生。该文本语言难度适中,但细节多且杂,包含了项目实施与开展、项目耗费等,学生难以对其进行归类并了解其背后的深意。而且,由于缺乏对文章中相关国家的文化背景知识,学生难以有效挖掘作者深层次的写作意图,即历史遗产是属于世界的,需要全世界人民共同努力守护。

三、教学目标

通过本节课的学习,学生能够:

1.绘制埃及政府保护文化遗产案例进程的结构图,并说明文化遗产保护面临的挑战及埃及政府采取的保护措施。(A2获取与梳理,A3概括与整合,B1描述与阐释,B2分析与判断)

2.基于形成的结构化知识,分析埃及政府能解决问题的原因并评价保护人类物质文化遗产的重要性。(B3内化与运用,C1推理与论证,C2批判与评价)

3.分析家乡物质、非物质文化遗产保护所面临的问题,提出解决措

施。（B3内化与运用，C3想象与创造）

四、教学重难点

1.教学重点：

绘制结构图说明文化遗产保护面临的挑战与采取的措施。

2.教学难点：

分析说明埃及政府最终能在修建大坝与保护文化遗产之间找到完美解决方案的原因及阐释保护文化遗产的重要性。

五、教学资源

课件，黑板，学案等。

六、教学活动与设计说明

Activity 1　Free talk

Teacher plays a video about Egypt and asks students the following questions.

（1）Which country is it?

（2）How do you know?

（3）What cultural relics can you find?

（4）How would you feel if we lost all these cultural relics?

（5）How can we protect the cultural relics?

设计说明：带领学生观看视频，感受古埃及文明之美。通过自由讨论，引出文本主题与情境，同时了解学生对保护文化遗产的认识，定位知识差。

Activity 2 Predict and verify

Students read the title and look at the pictures in the book and guess the main idea of the passage. Then students skim the text and summarize the big challenges to protect the cultural relics.

设计说明：通过预测、核对、找段落主旨等活动引导学生梳理文本主要结构与内容，获取课文中提到的文化遗产保护面临的问题，加深对话题的理解及对这一矛盾的思考。预测内容有利于激发学生的阅读兴趣；扫读文章，有利于学生厘清文章整体结构及迅速定位文本主要信息，为整理时间轴作铺垫；思考保护文化遗产面临的挑战，有利于学生为后续评估解决方法打好基础。

Activity 3 Draw a timeline to show the process of solving the problem.

1.Students read Paragraph 2−6 and draw a timeline to mark the big event in the process of protection.

2.When finished, students practice introducing the timeline by themselves and then practice in groups.

3.One Student is invited to share his or her timeline with the whole class. Other students add details if necessary.

4.Teacher comments on students' timeline and asks how many major stages are included in the process of solving the problem.

5.Then teacher and students mark these stages on the timeline together.

6.Students practice to introduce the whole process by the newly−formed structure map.

7.Teacher invites one volunteer to reflect on the whole process.

设计说明：通过绘制时间轴，学生获取、梳理与整合问题解决的整个过程，构建结构化主题知识。通过"self talk""group talk"，以及全班分享的方式完善与内化问题解决的过程。本活动旨在培养学生独立概括和分析信息的能力。同时教师通过追问，引导学生将绘制的时间轴进一步提炼，归纳问题解决的步骤，即发现问题、分析问题、解决问题、反思总结与启示。学生可将获得的模式应用于其他问题的解决上，为后面的拓展活动作好铺垫。

Activity 4 Discuss, analyze, and voice your opinion

1.Students discuss the following questions in groups of four: What factors help solve the problem? And find supporting evidences from the text.

2.Then students think and discuss from the following roles and perspectives whether the project is worthwhile.

（1）As local government officer: Is it worthwhile to spend so much money on this project?

（2）As an engineer: Is it worthwhile to spend entire career time in this single project? What does this project bring to career?

（3）As a foreign citizen: Why should we pay tax for a project in Egypt?

（4）As a student: Is it worth?

设计说明：学生根据时间轴，讨论解决问题的关键要素，深度理解文本内容；学生从不同人物立场思考与讨论该项目是否值得，培养运用文本证据并结合不同文化背景，对深层次问题进行思考与讨论的高阶思维能力。

Activity 5 Discuss and share

1. Students discuss the steps of solving a problem.

（1）How many steps does the Egyptian government take to solve the problem?

（2）Share this case to people around the world.

2. The problem of Haikou Qilou Buildings is presented: Many buildings are in poor conditions, but because of financial problems, property rights and the restrictions of laws, the buildings cannot be repaired.

Students works in groups to figure out how to solve the problem. Work out their plan of solving the problem.

设计说明：本活动旨在引导学生总结解决问题的模式，关注作者的写作意图及文章篇章结构特征的同时学以致用，利用这一问题解决的模式解决生活中的问题。

Assignment：

Please continue your research about Haikou Qilou Buildings and make it into a case study report. And you should follow the steps of solving problems.

设计说明：学生在课后继续进行项目式学习，将自己课堂所学的关于解决问题的步骤应用于实际问题的调研与解决。此外，该项作业的设计涉及地理、历史与政治学科的相关内容，有利于达到学科联合育人的目的。

七、专家点评

本教学设计基于英语学习活动观，立足于学生学情实际，始终围绕"发现问题——解决问题——结果与启示"的主线，通过设计学习理解、应用实践和迁移创新等一系列体现综合性、关联性和实践性的有特色、有亮点的学习活动，培养学生的英语学科核心素养。整个教学设计逻辑性强、重点突出。

活动一以古埃及视频引入主题，并设计简单的问题讨论来定位学生知识差，关注学生的能力起点，为后续活动奠基。活动二引导学生根据标题和图片预测文本内容，并快速阅读全文进行验证，引导学生发现问题。随后，教师根据文本的叙述特点，设计活动三让学生通过绘制时间轴来获取、梳理与整合问题解决的整个过程，并引导学生结合语篇结构特征，构建出"发现问题、分析问题、解决问题、反思与启示"的结构化知识，培养获取信息、梳理信息、分析信息和整合信息的能力。此活动中，教师把解决问题的时间轴与语篇的结构和内容有机融合，创意实现了文本的整合化和结构化，是本教学设计的亮点之一。

然后，引导学生基于结构化知识，通过"self talk""group talk"，以及全班分享的方式完善与内化问题解决的过程，同时帮助学生内化主题词汇和表达。活动四首先让学生根据时间轴，讨论埃及政府解决问题的关键要素。这一问题是对文本的高度凝练，在上一活动"基于文本"（read the lines）的学习理解基础上对文本内容进行进一步深挖，实现了"深入文本"(read between the lines)的阅读和思考。其次，让学生以不同分组角色思考与讨论项目是否值得，在上一问题"深入文本"（read between the lines）的基础上，进行"超越文本"（read beyond the lines）的研讨，培养学生基于文本进行发散性、深层次思考问题的高阶思维能力。这一活动设计有层次、有深度，充分体现了教师个人较强的专业素养和对文本的深度解析、整合能力，为本教学设计的亮点之二。

同时，在分析不同因素对于项目成功的作用时，融入了动词和名词词块等的语言学习，实现了对语篇内容的整合式理解以及语言知识的融合学习。活动五让学生再一次回归语篇内容，进一步分析文章结构以及作者的阐释论证过程是否合理，尝试总结问题解决的模式，为后面的迁移创新奠定基础。通过链接学生身边的真实生活，创设让学生分析海口骑楼老街保护和修缮存在的问题，引领学生以项目式学习的形式开展小组合作探究，将文中所学的解决问题的方式迁移到实际生活中，学以致用，解决生活中的实际问题，真正实现了从书本知识到解决现实问题的能力的飞跃，这是本教学设计的亮点之三。

人教版必修二 UNIT 2

A DAY IN THE CLOUDS

授课教师：卢晓华

授课对象：西南大学东方实验中学高一学生

课　　型：阅读课

时　　长：2 课时

一、文本解读

1. 主题语境：人与自然——环境保护——人与环境、人与动植物。

2. 语篇类型：日志。

3. 文本分析：本单元的主题为"保护野生动物"。本文为阅读与思考板块的语篇，旨在启发学生认识到保护野生动物的意义，增强保护野生动物意识，激发保护野生动物的行动。

【What】文章的标题为"A DAY IN THE CLOUDS"，全文共有七个自然段。第一、二自然段作为文章的引入，引领读者将自己置身于藏羚羊生活的海拔超过 5000 米的高原。藏羚羊的生存环境和生活习性决定了它很难被家养，对其的保护难度很大。用藏羚羊绒毛加工的产品在欧美市场售价很高，使得某些不法分子疯狂屠杀藏羚羊，使其一度濒临灭绝。第三到六段介绍了羌塘国家自然保护区工作者扎西的野生物种保护理念和我国政府及民间组织为保护藏羚羊所采取的有力措施。经过各方努力，藏羚羊保护工作取得了一定成效，但盗猎和贸易依然存在，对其的保护工作不能放松。最后一段通过介绍扎西所说的话，使作者想到要从自身做起，改变自己的生活方式，保护野生动物和我们的星球。

【Why】作者通过描述一天的所见所闻所想，让读者了解藏羚羊的生存状况，启发读者思考大规模的野生动物灭绝会对生态系统产生严重甚至不可逆转的影响，引发人们对野生动物保护的关注和行动。通过扎西所说的保护野生物种就是保护人类自己，作者感悟到保护野生动物需要从自身做起，人类只有与自然和谐发展，世界才能越来越美好。

【How】本文标题为"A DAY IN THE CLOUDS"。文章按照时间顺序叙述了作者一天的所见所闻所感。第一部分首先采用由上到下的描写顺序描写了头顶上的空气（The air is thin），然后采用由左侧转向前方的描写顺序，使用了一个方位介词"to our left"和一个地点状语加方位介词短语"On the plain in front of us"把"我们"所处的环境描写得清清楚楚。最后一句交代了"我们"置身于当前情景中的目的是观察藏羚羊（to observe Tibetan antelopes），从而自然而然地引出了语篇的话题，为下文对语篇话题进行深入推进做了铺垫。本部分运用夸张的修辞手法描写藏羚羊的生存环境（...snow-covered mountain disappear into the clouds），用对比的手法描述作者被藏羚羊的优雅美丽所吸引（I am struck by their beauty I am also re-minded of the danger...），同时想到它们正遭受着被非法盗猎的危险。描写藏羚羊的形容词有graceful，valuable，动词有move slowly，使用的时态和语态有一般现在时、一般现在时被动语态和进行时被动语态。第二部分使用一般过去时、过去进行时，一般过去时的被动语态和现在完成时描述保护藏羚羊所发生的变化，使用对仗的手法生动传递扎西保护藏羚羊的理念（We are not trying...we are trying...）。最后一部分，作者通过使用"but"转折，强调如果要真的挽救我们的星球，我们必须改变我们的生活方式；以及"only"的倒装句强调人类只有与自然和谐发展才能减少对野生动物及我们星球的危害，到了人们该做些什么的时候了。

二、学情分析

授课班级学生的英语基础差别较大，但是大部分学生思维活跃、学习英语的热情高、课堂表现欲望强、合作意识强。以3×3英语学科能力要素框架为指导，该班学生大多数已具备在阅读中提取概括信息的能力，但对文本进行深层理解的能力不足，需要教师进一步引导。学生仍需提高描述与阐述，内化与运用，批判与评价等方面的能力。

学生在学习本节课之前对保护动物比较熟悉并感兴趣，但对藏羚羊了解得不多。本日志结构完整、语言优美、难度适中，学生能较好地理解语篇的事实性信息、文章主旨大意，关注文本表层信息的定位和获取，但文本的深层含义需要在老师的引导下才能理解。

三、教学目标

通过本节课的学习，学生能够：

1.获取关于藏羚羊的生存现状和所面临的问题等事实性信息，领会作者的内心感悟，概括我国保护藏羚羊的措施和取得的成就，小组内讨论绘制思维导图并进行描述与阐释。（A2获取与梳理，A3概括与整合）

2.分析扎西所说所做的事情，推断出他所具备的品质以及他的角色对作者的影响，挖掘本文写作意图。（B1描述与阐释，B3内化与运用）

3.批判与评价人类对野生动物的影响，寻求个人参与保护野生动物的合理方法和策略，表达自己对野生动物保护的看法和观点。（C1推理与论证，C2批判与评价）

四、教学重难点

1.教学重点：

概括我国保护藏羚羊的措施和取得的成就，小组内讨论绘制思维导图并进行描述与阐释。

2.教学难点：

批判与评价人类行为对野生动物的影响，寻求个人参与保护野生动物的合理方法和策略，表达自己对野生物种保护的看法和观点。

五、教学资源

课件，黑板等。

六、教学活动与设计说明

Activity 1　Lead-in

Enjoy a video and some pictures to activate students' knowledge on the topic of protecting the Tibetan antelope. Answer questions: What's the name of the endangered animals? What do you know about them from the video?

设计说明：通过视频激活学生对于保护藏羚羊这个话题的已有知识储备，并通过让学生识别濒危野生动物藏羚羊的图片引入本课主题——保护藏羚羊。

Activity 2　Read for the main idea

Students read the title and passage to get the main idea and text type of the passage, with thinking about the following questions.

（1）What happened during the day?

（2）What's the text type of the passage?

设计说明：引导学生阅读文章时从标题入手：先呈现一张碧蓝的天空下藏羚羊悠闲吃草的美景来回应标题"A DAY IN THE CLOUDS"，分析标题引出故事背景信息，激发学生的阅读兴趣，激活学生相关的知识储备，顺利进入本节课的主题语境。通过浏览全文，感知、概括文本内容与语篇类型。

Activity 3　Read for information

1. Read Paragraph 1-2 to know what the author sees.

（1）What does the writer see?

（2）Is it a great place for people to live? Which sentence shows the evidence? What is the implied meaning?

（3）Is it a great place for Tibetan antelopes to live? Which sentence shows the answer? What is the implied meaning?

设计说明：浏览第1、2段，快速获取文本故事的背景。学生找出描写藏羚羊优美的生存环境的问句，推断出不能破坏藏羚羊的生存环境，也不该买藏羚羊毛皮制品。通过由浅入深地设置问题链，引导学生借助语境、常识和个人经验等，综合分析、推断理解文章的隐含意义，为深入理解文本主题作好铺垫。

2. Read Paragraph 3-6 to know what the author hears.

（1）Work in groups to draw a mind map about protecting antelopes according to Paragraph3-6 and analyze Zhaxi's job and his qualities.

（2）Share your ideas with other classmates about protecting Tibetan antelopes after group talk.

设计说明：通过小组合作、交流讨论，整合信息，绘制思维导图，引导学生细读文本，获取藏羚羊的生存现状及其所面临的问题，了解政府、扎西及其他志愿者所采取的保护藏羚羊的措施，并分析扎西的高贵品质。小组交流的过程中，学生及时修改和完善自己的思维导图并进行阐述，促进合作探究。

3. Read Paragraph 7 to know author's opinion.

（1）Analyze the following questions based on the sentence："We are not trying to save the animals. Actually, we're trying to save ourselves."

①What is the figures of speech?

②Why did Zhaxi say "we're trying to save ourselves"?

③Does the author agree with Zhaxi's opinion?

（2）Which sentence influences you most in the last part? What's the implied meaning of it?

设计说明：通过分析扎西的所说、所做，引发学生思考，使他们认识到"我们要对自己的行为负责"。从文中扎西所说的话可以推断出他的话对作者产生了影响，提问文中作者的哪句话对学生的影响最大，引导他们快速阅读最后一段，找到文章主题句"Only when we learn to exist in harmony with nature can we stop being a threat to wildlife and to our planet"。此活动有助于发展学生的分析、判断、推测、归纳等高阶思维能力，将学生的语言学习和思维品质的发展统一起来。

Activity 4　Read for reflection of the theme

（1）Read Paragraph 7 to get the writer's reflection.

（2）What about your reflection?

设计说明：通过深入剖析政府和志愿者为野生动植物保护所采取的不同策略和方式，让学生理解保护野生动植物就是保护人类自己，引导学生树立人类命运共同体的意识，进而引出下一个话题——我们如何改变生活方式去保护野生动物。

Activity 5　Discuss for sharing

Work in groups about how we can change our ways of life to protect Eld's deer（海南坡鹿）in our hometown？

设计说明：小组成员探讨并发表自己的见解和看法，帮助学生认识到保护野生动物的重要性，呼吁学生改变自己的生活方式，为保护家乡的野生动物海南坡鹿出一份力。

Assignment

1.Write a short passage"A Day In The Future"to describe the future situation of Eld's deer(海南坡鹿).

2.Share your views on how to make our hometown more harmonious.

设计说明：学生能够运用本课所学表达，完整连贯地描述出在大家共同努力下海南坡鹿的保护情况，激发学生思考如何做才能使家乡更加和谐美好。在这个主题语境下让学生主动参与到学习和运用语言的实践活动中，巩固、内化所学内容，实现语言的迁移运用。

七、专家点评

本教学设计根据课标提出的六要素整合的英语学习活动观理念，关注学生学习参与的实际获得，创设与主题意义密切相关的生活情境，引导学生对文本主题意义的探究和迁移。依据英语学科能力要素及表现指征框架设计学习理解类、应用实践类、迁移创新等一系列学习活动，培养学生语言理解和表达能力，推动学生对主题意义的深度学习，构建新知，发展思维。

活动一通过视频激活学生对于藏羚羊保护的认知，并自然引入话题。活动二主要是略读的策略指导，为后面梳理信息，构建思维导图做好框架铺垫。活动三立足整个语篇，以作者的视角，把语篇内容梳理为作者所见、所闻和所思三个部分。第一部分作者所见主要聚焦藏羚羊的生活的自然环境，设计由浅入深的问题链引导学生借助语境、常识和个人经验等综合分析、推断理解文章隐含意义。第二部分引导学生细读文本，通过小组合作交流讨论整合信息，获取藏羚羊的生存现状及其所面临的问题，以及导游扎西与其他志愿者、政府所采取的措施。同时，通过分析扎西的所做所说，推断扎西的品质。第三部分让学生基于文本推断扎西和他的角色所对作者的影响，并通过赏析文末主题句"Only when we learn to exist in harmony with nature can we stop being a threat to wildlife and to our planet."初步探究文本的主题意义。活动四通过进一步分析作者的反思并让学生就这一主题进行自我反思，引导学生深度思考保护野生动物的必要性和重大意义，提升学生思维品质的同时，深入探究文本的主题意义，为下一步的迁移创新奠定基础。这一活动设计很有新意，不仅让学生分析论证作者的态度和意图，还引发了学生自我的反思，对学生深入体悟文本主题意义帮助很大，是本教学设计的亮点之一。活动五通过链接学生的真实生活，创设如何保护海南珍稀动物——海南坡鹿的真实问题情境，让学生进行小组讨论并发表见解，实现语言和主题的迁移创新。作业设计则是让学生想象并描写海南坡鹿的美好未来，促进学生拓展思维并深化主题认知。作业设计是迁移创新活动的一个拓展任务，和活动五自然衔接、相辅相成，是本教学设计的亮点之二。

综上所述，本教学设计重点关注让学生在解决问题的过程中辨别真善美，从而落实学科素养的培育，比较有效地落实了学科核心素养。

人教版必修二 UNIT3

STRONGER TOGETHER: HOW WE HAVE BEEN CHANGED BY THE INTERNET

授课教师：章晨蕾　刘碧珠

授课对象：海南省国兴中学高一学生

课　　型：阅读课

时　　长：2课时

一、文本解读

1.主题语境：人与社会——科学与技术——科技发展与信息技术创新。

2.语篇类型：记叙文。

3.文本分析：本单元内容围绕互联网这一话题展开。本文为阅读与思考板块的语篇，以"创办网上社区"为主题，通过介绍一位年过五旬的失业女教师Jan通过使用互联网改变了自己的生活，而且帮助其他老年人学会使用互联网，进而改变了他们的生活和命运的美好故事，引导学生思考互联网和生活之间的关系，区分有意义的和有害的上网行为，尝试利用互联网去帮助他人、影响社会、消除数字鸿沟，从而树立正确使用网络、利用网络改变自己和他人从而创造更加美好生活的理念和态度。

【What】文章的标题为"STRONGER TOGETHER: HOW WE HAVE BEEN CHANGED BY THE INTERNET"。文章共有五个自然段，交代了故事发生的时代背景、地点、人物以及事件发生的原因、经过和结果。第一段作为文章的引入，点明了文章的主题，即互联网改变了人们的生活，阐明了互联网的积极影响。第二段叙述了女教师Jan患病离职宅家感到寂寞，通过听音乐、看电影、玩游戏、探索世界等一系列的活动，意识到互联网能使人们超越距离的限制而走到一起。第三段讲述了 Jan 开办 IT 俱乐部，帮助老年人使用电脑和网络并取得可喜成效。第四段介绍 Jan 认为消除数字鸿沟，确保每个人都能使用互联网并知道如何运用新技术是非常重要的，以及他的下一步目标。第五段以 "Thinking about other people's situations inspired me to offer help." 结尾，体现了主人公推己及人、乐于助人的高尚品质。

【Why】作者通过叙述 Jan 的故事，让读者明白互联网不仅给人们生活带来了便利，也使得处于相同困境的人能够团结在一起，互利互助，互通信息，这就是互联网 "stronger together" 的意义。文章又以 Jan 帮助周围其他老年人学会使用互联网，从而改变了他们的生活和命运的事为例，凸显了主题 "changed by the Internet"，让读者反思自己的生活和互联网之间的关系，也激励读者利用好网络，通过人与人之间的相互帮助变得更加强大，即 "get help from the Internet—help others through the Internet"，引导学生树立正确使用网络、利用网络改变自己和他人，创造更加美好生活的理念，成为善良、有社会责任感的人。

【How】本文是一篇记叙文，以第三人称的口吻讲述，语篇结构清晰。课文标题是 "STRONGER TOGETHER: HOW WE HAVE BEEN CHANGED BY THE INTERNET"，它由主标题和副标题构成。主标题 "STRONGER TOGETHER" 表示结果或状态；副标题 "HOW WE HAVE BEEN CHANGED BY THE INTERNET" 指明了话题范围，并通过现在完成时的被动语态强调了互联网的作用和意义。

本文采用了举例子的写作方法来阐述作者的观点。作者在第一段提出 "People's lives have been changed by online communities and social networks" 的观点，第二段以 Jan 为例子阐述互联网如何改变人们的生活。第一段还提出，"The Internet has made our lives more convenient"，然后用三个例子作为证明。第三段提出，"Many people have been helped by the club"。接着，作者介绍了关于 a 59-year-old man 和 a 61-year-old woman 的事例让读者相

信互联网可以改变人的生活，让人们变得更加强大。

本文的主题是创办网上社区，作者用 the world wide web, databases, software, documents, images, online community, social networks 等构建话题的词汇网。读者可以从 wonder, convenient, benefit, improve 等词汇中体会出作者对于互联网的看法十分明确，即它能改变人们的生活，使人们更加强大。

作者在讲述 Jan 与互联网的故事时，各句都以 "she" 作为主位，引出不同的述位，读者阅读时只需要关注和归纳述位的信息即可得出 Jan 的生活是如何因为互联网而改变的。比如，读者可以通过提取 developed a serious illness, could listen to music, joined an online group, get support and advice, start an IT club to teach other people 等述位的信息，归纳出主人公 Jan 因为互联网而发生的变化。Jan 患病宅家无聊——互联网给 Jan 带来帮助和改变——Jan 通过互联网帮助更多人，这也是本文的一条暗线。

同时，作者使用一般过去时态、一般现在时态、现在完成时态以及一般将来时态叙述 Jan 的生活的变化。在谈论 Jan 过去的生活经历时，作者使用了一般过去时，如 "She joined an online group..."；在谈论互联网给 Jan 及其他人带来影响时，使用了现在完成时，如 "Many people have been helped by the club"；在谈及 Jan 和朋友们现在通过互联网所做的事情时用了一般现在时，如 "She and her friend now organize events and collect money..."；在提及 Jan 下一步的行动目标时，使用了一般将来时 be to do 的形式，如 "Her next goal is to start a charity..."。

二、学情分析

授课班级学生的整体学习态度认真，学习热情高，但部分学生英语基础较为薄弱，词汇量小。学生查找细节信息的能力较好，但是整合与概括、分析与判断、推理与论证等能力薄弱。

学生在日常生活及课堂学习中都有接触互联网的经历，对互联网的话题比较熟悉，但是对"数字鸿沟"这一说法比较陌生，对于帮助弱势群体跨越数字鸿沟的意识薄弱。本文词汇、句式简单，学生能够读懂大意，教师要适时引导其对文章进行深入分析，探讨主题意义，探究文本结构。

三、教学目标

通过本节课的学习，学生能够：

1.根据图片和标题对文章内容进行预测，并通过读首尾句和各段第一句检验预测。（A1感知与注意，B2分析与判断）

2.通过阅读Jan的故事，用思维导图绘制出主人公Jan通过互联网实现的我完善、帮助社区、贡献社会的过程，并向全班做介绍。（A2获取与梳理，A3概括与整合，B1描述与阐释，B3内化与运用）

3.基于文本语言，推断出作者认为"互联网能够使人人受益，使人更加强大"的观点，以及归纳出作者是如何采用举例和词汇复现等写作手法阐述这一观点的。（B2分析与判断，C1推理与论证，C2批判与评价）

四、教学重难点

1.教学重点：

通过首尾段和各段第一句提炼出文本的中心大意，绘制思维导图，利用导图介绍互联网对于Jan的影响。

2.教学难点：

分析作者对互联网的态度及文本结构。

五、教学资源

课件，黑板等。

六、教学活动与设计说明

Activity 1 Lead in

1.Students discuss what they usually do on the Internet and learn the words about the Internet.

2.Students watch a short video and think about the problems of the old people in the video.

设计说明：指导学生讨论自己的网上行为，激活他们关于话题的知识储备和经验，并引出与互联网相关的主题词汇，为阅读扫除词汇障碍，消除学生的阅读焦虑感。接着，播放一段与文本主题相契合的短视频，让学生直观感受老年人对于新科技的无奈，进而产生帮助他们的想法，自然而然地引出本堂课的话题。

Activity 2 Predict and verify

1.Students read the picture and the title to predict the main idea of the passage.

2.Students read the first, the last paragraph and the first sentences of the rest paragraphs to check their predictions and get the main idea of the passage.

设计说明：学生根据图片和标题对文本进行预测，从而产生阅读期待。接着教师通过引导学生阅读首尾段和其他段落的第一句，训练学生快速获取文本主要信息，厘清篇章结构，归纳总结文本的中心大意，提炼文本的核心内容的能力。

Activity 3 Draw a mind map on the change of Jan's life

1.Students read Paragraph 2-4 and answer the following questions about detailed information.

（1）Who is Jan? What was her problem? How was her problem solved?

（2）What did she decide to do? Why did she do so?

（3）What is her next goal?

2.Students draw a mind map to describe the changes of Jan's life by the Internet.

3.According to the mind map, students introduce Jan to themselves, their partners and the whole class.

4.Students summarize the changes of Jan's feeling according to her behaviors.

5.Students guess the meaning of "bridge digital divide".

设计说明：学生先阅读全文，回答理解类浅层次的问题，初步感知文本信息。接着，在绘制思维导图的过程中不断梳理、概括和整合信息，建立信息间的关联，形成新的知识结构。然后，通过自我汇报，小组汇报和全班汇报思维导图等活动进一步梳理文章的内容并内化目标语言。最后，根据Jan的行为变化总结出其思想和情感的变化，深刻体会互联网对Jan产生的影响，进一步深化对主题的理解。

Activity 4 Analyze the writer's opinion and the structure of the text

Students are divided into two groups, each group should finish its own task.

1.Group A acts as Attitude Analyst to analyze the writer's opinion and the relationship between the writer and the readers according to the following questions.

（1）Why the writer uses "we" in Paragraph 1?

（2）What's the writer's attitude towards the Internet? Find the language to support your idea.

（3）How we have been changed by the Internet?

2.Group B acts as Structure Analyst to analyze the structure of the text according to the following questions.

（1）Find out the examples the writer used to develop his or her idea.

（2）Guess the meaning of the new words in the sentences.

设计说明：以小组合作交流的形式开展阅读活动，既关注到了每一位学生，也有利于培养学生自主学习、合作学习和探究学习的能力。引导学生揣摩作者的态度，推测写作意图，并且立足文本进行论证，有利于学生培养严谨的逻辑思维能力。教师要引导学生关注并讨论文本的标题，帮助学生进一步深化对主题的理解，还要引导学生用举例和词汇复现的方式阐述自己的观点。

Activity 5 Design an online club

1.Students watch a short video and think whether everyone really gets benefits from the Internet or not.

2.Students discuss the following questions.

（1）Who can not get the benefits from the Internet because of the digital divide?

（2）What are their problems?

3.Students try to design some online clubs to help bridge the digital divide.

设计说明：通过播放一段短视频引发学生深思：科技可以让人受益，但是因为数字鸿沟的存在，有一些群体并没有受益，互联网使他们的生活变得更加艰难。学生通过设计"online clubs"的活动，切身体会自己也能像 Jan 一样为消除数据鸿沟贡献一份力量，从而形成正确的网络观念，树立积极向上的世界观和价值观。

Assignment:

Write a short passage about "How has my life been changed by the Internet?" according to the following requirements.

（1）Use examples.

（2）Use different tenses to describe your changes.

（3）Use the language from the text.

设计说明：通过布置书面写作任务，为学生正向迁移运用所学内容和语言提供机会。

七、专家点评

本教学设计围绕"创办网上社区"这一主题，以英语学习活动观为活动设计指南，设计了一系列融合语言、文化和思维的有逻辑、有层次的学习活动，引领学生在探究文本主题意义的同时学习语言知识，促进学生"得意"与"得语"协同发展。

活动一指导学生讨论自己的网上行为，激活他们对话题的已有认知，并引出与因特网的相关主题词汇。通过观看一段体现老年人在新科技面前无能为力的视频片段，引发学生共情，导入话题的同时，让学生做足了进入文本阅读的语言和情绪准备，充分体现了生本化的设计原则。活动二让学生根据图片和标题对文本进行预测，接着教师进行学习策略指导，让学生快速提取文本大意并验证预测。活动三让学生先阅读全文，回答理解类浅层次的问题，初步感知文本信息。接着在绘制思维导图的过程中，学生不断梳理、概括和整合信息，建立信息间的关联，形成新的知识结构。然后，学生通过自我汇报，小组汇报和全班汇报思维导图等活动进一步梳理文章的内容和内化目标语言。最后，教师让学生根据Jan行为上的变化推断其思想和情感的变化，这一活动是本教学设计的亮点之一，让学生通过论证和推理，深刻体会互联网对Jan产生的一系列积极影响，不仅有助于提升学生的思维品质，还可以进一步深化对主题的理解。活动四引导学生立足文本论证作者的态度和写作意图，培养学生严谨的逻辑思维和批判思维能力，对培养学生的自主探究和团队合作的能力大有裨益，是本教学设计的亮点之二。活动五通过一段短视频创设情境，引发学生的共情与反思，随即结合实际，让学生运用本节课所学、所思，自主设计一个网上俱乐部，为消除数据鸿沟贡献自己的一份力量，成功实现语篇主题和语言的迁移创新。作业设计是课堂教学的自然延伸，通过写的方式让学生进一步运用主题语言并体悟网络为我们的生活带来的巨大变化。

综上，本教学设计通过整合语篇内容，设计了五个环环相扣，层层递进的教学活动，引导学生始终围绕人们因互联网而联结，而改变，变得更强大这一主题意义开展自主、合作探究，并通过创设情境，链接生活，让学生把所学迁移到实际生活中去有效解决问题。

人教版必修二 UNIT 4

WHAT'S IN A NAME?

授课教师：陈琦

授课对象：海南中学高一学生

课　　型：阅读课

时　　长：2 课时

一、文本解读

1. 主题语境：人与社会——历史、社会与文化——重大事件、文化渊源。

2. 语篇类型：说明文。

3. 文本分析：本单元的主题为"历史与传统"。本文为阅读与思考板块的语篇，旨在引导学生通过学习英国的历史去了解这个国家，包括它不同名称的区别、不同文化的由来。

【What】本板块的主题是"通过历史了解一个国家"。学生通过阅读英国历史，了解英国地理、社会及文化概况，并深入思考历史与社会文化之间的关系。本文从人们对英国为何有很多不同的名称这个困惑入手，用浅显的语言描述了英国的国名全称"大不列颠及北爱尔兰联合王国"的由来，以及英格兰、威尔士、苏格兰和北爱尔兰之间既紧密合作又相对独立的关系。接着，文章以历史时间为主线，介绍了不同族群在各个历史阶段对英国的政府、城镇、交通、语言、食物等诸多方面产生的影响。最后一段进行总结，英国还有很多有趣的历史和文化古迹值得大家去探索，而作为英国的政治、经济、文化中心的伦敦是一个最好的起点，并且再次强调学习历史对深入了解一个国家的重要意义，也为读完文本后开展批判性思维活动作铺垫。

【Why】作者从英国几个常见的称谓的区别引入要了解一个国家，必须要学习这个国家的历史，并从历史发展的角度介绍了英国的组成，以及英国历史上的四队侵略者和他们对英国产生的影响。以此说明：第一，探究一个国家的历史不仅能够帮助我们更好地了解这个国家和它的传统，也能使我们的旅游更有乐趣；第二，要善于从历史遗迹中去感受这个国家古老历史和现代文明的交融和古今并存的习俗；第三，英国是最主要的英语国家之一，有着悠久的历史和灿烂的文化，而英语正是在这种历史和文化中产生的，所以英语富有鲜明的英国文化特征。因此，学习英语必然要了解英国文化，了解英国文化也会对学习英语起到促进作用。

【How】本文是一篇说明文，题目为"WHAT'S IN A NAME?"文章标题采取疑问句形式，引发读者思考，激发阅读兴趣。开篇"Getting to know a little bit about British history will help you..."点明了文章的主旨，最后一段的"Studying the history of the country will make you..."与主旨句首尾呼应，再次点明主题。

文章以时间为线索展开，介绍了英国国名的形成、历史和文化的发展。其中，使用了大量表示顺序的过渡词，如"In the 16th century""in the 18th century""The first""Next""The last""Later""Finally"，使文章条理清晰。第三段在介绍英国内部四个不同的政治实体的异同点时，作者使用转折连词"however"，并运用了排比递进句子："...they all have... They also have... And they even have..."来增强语势。第一、四、五段用了"help you understand""keep your eyes open""you'll be surprised to find, you can see..."等句式给读者一种视觉冲击，达到与读者对话、拉近与读者距离的目的。

二、学情分析

授课班级学生的英语基础较好，能接受全英文授课，学习态度认真，能积极参与课堂互动交流。经过第一学期的学习，学生已经能利用思维导图梳理文本信息，也掌握了一定的阅读技巧并积累了一定的词汇量，具备基本的快速阅读并在文本中获取细节信息的能力和主旨把握能力，但是以3×3英语学科能力要素框架为指导，该班学生推理与论证、批判与评价能力较弱，根据字面信息判断、论证作者的写作意图等能力还有待提高。此外，学生想象力较丰富，喜欢能发挥想象力的活动，对事件有独到的见解，但有时会脱离主题，需要老师适当地引导。

在话题方面，学生对英国的相关情况是比较了解的，特别是对它的一些著名城市、大学、文化古迹、足球队等，但对英国的国家历史发展不大熟悉，也没有意识到学习历史对深入了解一个国家的重要意义。另外，文本中主题词汇较多，句子中存在过去分词作定语和宾语补足语的情况，学生理解起来有一定难度。

三、教学目标

通过本节课的学习，学生能够：

1.从英国地图中获取相关的地理文化信息以提高读图能力。（A2获取与梳理）

2.获取梳理关于英国历史发展的事实性信息，如国名来源、区域异同点、外来入侵事件等，画出思维导图或时间轴以形成结构化知识。（A2获取与梳理，A3概括与整合）

3.基于结构化知识，运用文本语言介绍英国历史，包括国名来源、区域异同点、外来入侵事件等。（B1描述与阐释，B3内化与运用）

4.学会分析怎样通过学习一个国家的历史去了解这个国家，并能迁移

运用到认识自己的国家。（B2分析与判断，C1推理与论证，C2批判与评价）

四、教学重难点

1.教学重点：

获取并梳理关于英国历史发展的事实性信息，并能简要介绍英国历史的发展变迁。

2.教学难点：

分析为什么要通过学习一个国家的历史去了解一个国家，并能将相关知识迁移运用到认识自己的国家。

五、教学资源

课件，黑板等。

六、教学活动与设计说明

Activity 1 Lead-in

Teacher shows a map of England to the students and asks them the following questions.

（1）Which country is it ?

（2）What do the different symbols and colours stand for?

（3）What comes to your mind when you think of the UK?

（4）We often hear these names：the UNITed Kingdom, Great Britain, and England, do you know the difference between them?

设计说明：引导学生通过读地图，注意不同的图标、颜色所代表的内容，培养读地图的能力，加深对英国地理概况的了解。激活学生关于英国的已有知识，引出英国国名的不同表达，通过询问"这些国名有何区别"，激起学生的求知欲望，激发学生的阅读兴趣。

Activity 2 Predict

1.Predict the content of the passage by looking at the map and title with the following questions.

（1）What might "a name" here refer to?

（2）What do you expect to read in the passage?

2.Read the whole passage to get a general idea and check the prediction.

设计说明：引导学生根据地图和标题预测文章大意，激发学生的阅读兴趣，培养学生通过整体阅读验证预测并初步了解全文大意的能力。

Activity 3 Read, structure and internalize

1. Students skim the passage and summarize the main idea of each paragraph, and then divide the passage into three parts.

2.Students read the first three paragraphs（Part 1）and answer the following questions.

（1）What is the full name of the UK ?

（2）How did the UK get its full name ?（Students can draw a timeline to show the change）

3.Students retell the changes of the name according to the timeline.（Students can do self-talk first, and then teacher ask one or two student to present their opinions）

4.Students read Paragraph 4（Part 2）and sort out the following information.

（1）What else can we know about the country by studying British history?

（2）Who are the four different groups of people? When did they come? What evidence was left behind?（Sort out the information about the four different groups of people by making a mind map or a chart）

5.Students retell the history of the UK according to the time.

设计说明：引导学生归纳段落主旨，帮助学生从整体上把握文本的结构，将文本划分为三个部分，然后进行逐部分阅读，构建结构化知识。

第一部分的难点在于掌握国名的发展变化，通过画时间轴，学生能够直观地理解英国历史及其多个名称的由来，同时也能学习主题词汇。接着，比较英国的四个组成部分之间的异同点，阅读时适当地插入长难句分析和猜词，帮助学生扫清阅读障碍。最后，借助时间轴，让学生按照时间顺序复述本段内容、内化主题语言，采取小步循环的方式为学生提供及时内化目标语言的机会。

第二部分的细节信息较多，通过让学生画思维导图或设计表格，来梳理细节信息，学习话题词汇。然后，把第一部分和第二部分合起来，让学生按时间顺序复述，及时内化主题词汇，并形成关于英国历史的结构化知识。

Activity 4　Read, think and discuss

1.Students read Paragraph 5(Part 3) and answer the following questions.

(1)Why does the writer think London is a great place to start?

(2)According to this paragraph, what feeling do you think the writer has for the UK? Which words show it?

2.What are the two chief advantages of studying the history of a country according to the text?

3.Think about what does "a name" refer to in the title of the passage?

设计说明：通过问题引领，引导学生获取第五自然段（第三部分）的细节内容，关注作为英国的政治、经济、文化中心的伦敦，并推断作者对其的情感态度。通过回顾并总结全文，培养学生提炼总结的能力。通过分析学习英国历史的作用，引导学生探讨学习历史对深入了解一个国家的重要意义，并重新思考标题的含义。

Activity 5 Introduce and share

Suppose your American friend Tony is interested in the history of the UK, especially the changes of the name and the four groups of people, please try to introduce what you have learned to him.

设计说明：通过向朋友介绍所学，梳理整合全文信息，借助新情境，加深对文本内容的理解，再次内化结构化知识。

Activity 6 Analyze and evaluate

Students analyze the passage with the following questions.

（1）The author suggests we should learn the history before visiting the country. Do you think so? Why or why not?

（2）What important things do you think foreign visitors should know about before they come to China?

设计说明：通过思考分析问题，提升学生对学习历史的重要性的认识，深化对单元主题的认识。引导学生对比中外文化，加深对自己国家悠久历史的了解，展开发散性思考。

Activity 7 Talk about Chinese history

Suppose your foreign friend Jim is planning to visit China this year and asking you for some suggestions. Please tell him the advantages of studying Chinese history and recommend a city to start the visit in China to him and give your reasons.

设计说明：通过创设新语境，为学生正向迁移运用所学知识和语言提供机会，使其进一步内化语言，加深对主题的理解，树立用英语讲好中国故事的意识。

Assignment：

Write a letter to Jim about the advantages of studying Chinese history, recommend a city to start a visit in China and give reasons.

设计说明：把课堂的口语表达转化为课后的书面作业，有利于学生进一步巩固所学的内容，加深对主题的理解。

七、专家点评

本教学设计从语篇研读出发，准确定位学情，基于英语学习活动观，以主题为引领，语篇为依托，通过学习理解、应用实践、迁移创新等一系列关联性、综合性的主题探究活动，提高学生获取信息、处理信息、分析问题和解决问题的能力，致力于提升学生英语学科核心素养。

活动一以英国地图引入，通过讨论英国不同国名的区别，激活学生关于英国的已有知识，激发学生的求知欲。活动二引导学生根据地图和标题预测文章大意并整体阅读语篇予以验证，帮助学生明确学习内容。活动三教师先进行策略指导，引导学生从整体把握文本的结构和不同部分的大意，为后续活动打下基础。然后，采用各个击破的方式，分部分构建结构化知识，以小步循环的方式让学生及时内化主题语言，并最终形成关于英国历史的结构化知识，提升有效性的目的，这是本教学设计的亮点之一。

活动四聚焦第三部分内容，通过三个问题逐层深入，从提取伦敦相关信息到推断作者的态度，再到总结回顾全文及讨论标题，引导学生探讨学习历史对深入了解一个国家的重要意义，并培养学生的分析、论证等深层次思维能力。活动五通过创设情境，让学生向美国朋友 Tony 介绍全文所学，进一步梳理整合信息，内化知识。活动六设置了两个问题，第一个问题是让学生评判文中作者关于"参观一个国家前应该首先了解该国历史"这一观点，第二个问题则是让学生思考外国朋友参观中国前应该学习哪些重要的东西？第一个问题直指文本主题意义的探究，第二个问题则自然过渡迁移，引导学生加深对自己国家悠久历史的理解，为下文的迁移创新作好铺垫。两个问题紧密围绕主题意义探究，有层次性，设计巧妙，是本教学设计的亮点之二。

活动七通过创设真实生活情境，让学生向外国朋友介绍学习中国历史对来中国旅游的帮助并推荐一些可以旅游的城市，实现语言和主题的正向迁移。作业设计则是让学生把活动中的口述内容转化为书面文本，进一步巩固语言知识并加深对主题的理解。

　　总之，该教学设计逻辑缜密，注重学生的学习实效，实现了让学习真正发生，以及"润心启智、增能益行"的目的。

人教版必修二 UNIT 5

THE VIRTUAL CHOIR

授课教师：段淑芬

授课对象：华东师范大学第二附属中学乐东黄流中学高一学生

课　　型：阅读课

时　　长：2课时

一、文本解读

1.主题语境：人与社会——文学、艺术与体育——音乐艺术的发展。

2.语篇类型：说明文。

3.文本分析：本单元的主题为音乐。本文为阅读与思考板块的语篇，旨在引导学生了解在线音乐的一种新形式：虚拟合唱团。语篇介绍了虚拟合唱团这一由音乐与新科技、互联网结合而成的新音乐形式。来自世界各地的成员不需要到同一个地方，只要借助新技术就能组成具有各个声部，奏出和谐美妙乐章的虚拟合唱团。音乐可以把不同种族、不同国家、不同性别的人们联系在一起，它是人类通用的语言。

【What】文章标题为"THE VIRTUAL CHOIR"，文章主要对一种新的音乐形式——虚拟合唱团及其创始人 Eric Whitacre 进行了介绍，全文共四个自然段。第一段介绍了"虚拟合唱团"组成的关键要素："Who""Where""What""How""Why"。第二、三段按时间顺序介绍了虚拟合唱团的创始人 Eric Whitacre 创办虚拟合唱团的故事，包括他的出生年月、出生地点、求学经历，以及后来创立虚拟合唱团的相关情况等。第四段用一句话总结了虚拟合唱团的作用和意义：虚拟合唱团是一种美妙的方式，让世界各地的人们能够同声歌唱，世界因此变得更加美好。

【Why】作者通过这篇文章向读者介绍了虚拟合唱团的本质，它对人们生活的影响，以及虚拟合唱团的创始人和虚拟合唱团的创作过程。通过文章，作者传递了"Music is the universal language of mankind"这一观点。文章中主人公 Eric Whitacre 对音乐的热爱、努力和执着，为读者树立了榜样，激励读者热爱学习和生活，用自己的努力影响他人、奉献社会。

【How】本文为说明文，文章标题为"THE VIRTUAL CHOIR"。文本围绕该主题，介绍了虚拟合唱团及其创建契机、创建过程、作用，语言简洁，结构清晰。文章以时间为明线，以一系列时间状语为引导介绍了虚拟合唱团的创始人 Eric Whitacre 的故事，如"on 2 January 1970""in 1988""in 1995""in 1997""over the next 10 years""In 2009""on 23 July 2014"。以对音乐的情感为暗线，表达了作者对于虚拟合唱团的积极的情感态度。作者从以下四个方面表明这一态度：第一，使用的积极的语言，如"a positive influence""helps""enables""a wonderful way"。第二，使用了对比法，如将虚拟合唱团与真实合唱团进行对比"Anyone can take part in"与"You do not even need a studio"，"Many people do not have close friends or contacts"与"many other do not have the chance to"。第三，使用举例，如"As one virtual members said...""music helps..."。第四，使用数字说明。如"His first virtual... had 185 singers from 12 different countries""It has received millions of viewers...2,292 young people from 80 countries ..."。

第一段以一般现在时的主动语态为主介绍了虚拟合唱团的概念。第一句，"Imagine having the opportunity to..."，激发读者去设想、去体会，这种表达手法是吸引读者的有效手段。其中关于视频的上传和合成用了一般现在时的被动语态："are uploaded onto""are put together into"，简洁地介绍了虚拟合唱视频的制作过程，并用现在完成时表达虚拟合唱团对人们生活的影响。

第二段用一般过去时介绍了虚拟合唱团创始人 Eric Whitacre 的音乐事

业的发展，并使用了过去分词"Born in""Inspired"做状语，向读者介绍了 Eric Whitacre 走上这条音乐成功之路的背景。最后一句"This led to the creation of the virtual choir"为过渡句，说明了创建虚拟合唱团的契机，使行文自然地过渡到第三段，起承上启下的作用。

第三段记叙虚拟合唱团的形成过程，用了一般过去时，如"asked""joined together""had"等动词过去式的使用。在描述虚拟合唱团受到的广泛关注时，用了现在完成时，如"It has received millions of views...""Since then,the virtual choir has become a worldwide phenomenon"等，体现了虚拟合唱团的意义和影响。

第四段用一般现在时总结虚拟合唱团的意义："The virtual choir is a wonderful way for people around the world to sing with one voice and thus make the world a better place"，与主题页名言"Music is the universal language of mankind"相呼应。

二、学情分析

授课班级大部分学生的英语基础扎实，且学习态度认真，整体能接受全英文授课。不少学生已基本具备寻找重要信息，如日期、数字和名字等的能力，部分学生能用英语自由表达观点、整合信息、形成结构化知识。但总体来说，学生的描述与阐释、推理与论证能力仍待提高。

学生对音乐这一话题很熟悉，对科技改变音乐也有丰富的体验，但对虚拟合唱团还比较陌生，对这种新的音乐形式还需要进一步了解。学生对篇章结构已经有一定认知，对以时间顺序来介绍人物比较熟悉，能够理解语篇的词汇、句式，但对于主题意义的探究还需要教师的进一步的引导。

三、教学目标

通过本课的学习，学生能够：

1.理解文章结构，并通过梳理虚拟合唱团的信息，制作思维导图，并依据思维导图，用英语介绍虚拟合唱团。（A2获取与梳理，A3概括与整合，B1描述与阐释，B3内化与运用）

2.利用时间线介绍创始人 Eric Whitacre 的故事，包括其出生年月、出生地点、求学经历、创立虚拟合唱团的经过。（A2获取与梳理，A3概括与整合，B1描述与阐释，B3内化与运用）

3.分析作者对虚拟合唱团的情感态度，论证虚拟合唱团对人们生活和对世界的影响。（B2分析与判断，C1推理与论证，C2批判与评价）

四、教学重难点

1.教学重点：

能够用思维导图梳理虚拟合唱团的关键要素，正确认识虚拟合唱团对人们生活的意义。

2.教学难点：

分析作者对虚拟合唱团的情感态度，论证虚拟合唱团对人们生活和世界的影响。

五、教学资源

课件，黑板等。

六、教学活动与设计说明

Activity 1　Watch and discuss

Students watch two videos: one is about a real choir and the other is about a virtual one, and discuss the following questions in groups.

（1）How do you feel about the videos?

（2）What's the differences between the virtual choir and the real one ?

（3）Do know the meaning of the word "virtual"?

设计说明：学生通过观看真实合唱团和虚拟合唱团的视频，讨论他们的感受并比较两种合唱团的不同，引入主题语境，引发学生的好奇心和求知欲，激发他们的阅读兴趣。通过引导学生思考生词"virtual"的意思，帮助学生学会在语境中体会生词的含义，加深对虚拟合唱团这种把音乐与科技结合起来形成的新音乐形式的理解。

Activity 2 Predict and verify

1.Students predict what the text will tell according to the tittle and the picture, and then read the text for the first time and check if your predictions are right.

2.Based on the main idea of each paragraph, students divide the text into three parts and use a phrase or some words to summarize the main idea of each part.

设计说明：通过看标题和图片，培养学生预测语篇内容的能力，激发学生的阅读兴趣。学生运用关注首段获取文章大意的速度阅读技巧，快速核对预测内容，在寻找段落主旨的活动中梳理文本主要内容与结构，获取虚拟合唱团的概念、其创始人的学习经历及创立过程等主要信息，加深对话题的理解。

Activity 3 Read and draw a mind map

1.Students read Paragraph 1 and draw a mind map about the virtual choir.

2.Students scan Paragraph 2 and Paragraph 3 to find some important information, such as dates, numbers and names and draw a timeline of the creator and the creation of the virtual choir.

3.Students read Paragraph 4 again and tell the significance of the virtual choir.

4.Groups share their ideas according to their mind maps and timelines, and teacher comments on students' retelling.

设计说明：本活动围绕语篇内容，引导学生通过阅读，画思维导图，标注数字、姓名和地名等活动，获取、梳理与整合虚拟合唱团的概念、虚拟合唱团创造者的学习经历及虚拟合唱团的创建过程，提高从整体上理解文本的能力，内化巩固文本语言。

Activity 4 Think and discuss

Students think and discuss the following question.

（1）What is the author's attitude towards the virtual choir? How do you know that?

（2）What genre is the text?

设计说明：让学生再次阅读全文，讨论作者对虚拟合唱团的态度并说出推断的理由，引导其学会分析作者的态度和价值观，思考作者的写作意图，并学习作者运用的支撑论述观点的方法。同时，引导学生通过观察语篇的语言特点，判断语篇类型；通过讨论分享，迁移和内化语言，发展思维，提升学习能力。

Activity 5 Voice your opinions

Situation：Because of the pandemic prevention and control, people can not meet and gather as usual, most people feel down and lonely. Do you think virtual choir is a good way to bring people together during this special period? Let's conduct an informal debate about the advantages and disadvantages of the virtual choir in this case.

Pros：A virtual choir really bring people together.

Cons：A virtual choir can't bring people together.

设计说明：本活动设置真实的生活情境，让学生思考和讨论虚拟合唱团的优点和缺点，旨在引导学生尝试运用所学语言，创造性地表达自己对虚拟合唱团的观点和态度，深刻地思考和感受音乐和新的科技给人民生活带来的积极影响并分析这种新的音乐形式的不足，提高运用英语语言的能力，培养批判性思维能力。

Assignment：

Write a short passage about the advantages and disadvantages of being a member of virtual choir, at least 80 words.

设计说明：布置写作作业，一方面能加深学生对课文的理解和对虚拟歌唱团的认识，内化语篇中的语言表达，将思维发展和语言表达落实到书面输出的活动中来，实现知识和能力的迁移创新。另一方面，引导学生将在学校学习到的学科知识与社会生活联系起来，培养正确的价值观，为走向社会积极生活做好思想准备。

七、专家点评

本课的教学设计基于语篇内容和学情，围绕"了解在线体验音乐"这一主题设计系列教学活动，不仅让学生学习理解文本基本内容和表层含义，更侧重引导学生理解文本的深层含义和探究语篇的主题意义。

活动一采用播放真实合唱团和虚拟合唱团的视频，让学生感受和讨论两种合唱团的不同之处，引入主题。活动二让学生观看标题和图片，预测语篇内容，引发学生的阅读期待。这两个活动能激发学生学习的兴趣，让学习真正发生，充分体现了以生为本的教学设计理念。活动三通过设计一系列有针对性的问题和提示，引导学生根据语篇结构，分部分梳理文本主要信息，并提取关键信息和主题词块，画出思维导图，形成结构化知识，并根据结构化知识，复述虚拟合唱团的概念、创始人的个人经历和其所创造的合唱团以及虚拟合唱团的重要意义，在内化语言的同时，加深对话题的理解。此活动中教师的提问和提示为学生完成思维导图搭建了有效的"脚手架"，帮助学生实现思维的可视化，这是本教学设计的亮点之一。

活动四让学生再次通读全文，整体分析论证作者对虚拟合唱团的态度并提供文本证据，推断作者的写作意图并学习说明文的语篇特征，发展批判思维能力，探究语篇的主题意义。活动五创设真实生活情境，让学生结合生活实际，思考和辩论虚拟合唱团是否能让人们团结在一起，实现文本语言和主题的迁移。这是本教学设计的亮点之二。作业设计让学生就加入虚拟合唱团的优点和缺点进行深入思考，深化对虚拟歌唱团的理解，培养批判思维能力，树立正确的价值观。

以上教学活动脉络清晰，层次分明，有效达成了既定的教学目标。整个教学设计较好地体现了整合化、结构化、生活化和生本化的原则。

一、文本解读

1.主题语境：人与社会——文学、艺术与体育——节日庆典。

2.语篇类型：论说文。

3.文本分析：本单元的主题为"节日与庆典"。本文为阅读与思考板块的语篇，旨在引导学生探究节日的起源、发展和变化，感悟节日的精神内核，拓展国际视野，促进文化认同，培养跨文化交际的能力。

【What】文章标题为"WHY DO WE CELEBRATE FESTIVALS?"，全文共五个自然段。第一段谈论节日的起源与实质。节日起源各异，风俗不同，但却有共同的核心——分享快乐、表达感恩与爱、表达对和平的期待。第二段以广泛存在于各文化中的丰收节为例，具体介绍节日的共同内核与不同的庆祝方式。第三段以中国的春节和西方的万圣节为例，谈论节日的发展变化。随着社会的发展，新观念的传播，一些过时的节日习俗被时代遗弃，新的习俗逐渐出现。第四段阐述节日的另一变化——商业化。虽然有人不赞成节日的商业化，但商业化促进了消费，也提升了人们的幸福感。第五段讨论了节日的意义。节日反映了人们共同的精神追求和美好愿望，也是我们得以放松享受生活的时刻。节日让我们更加明白我们的根在哪，我们是谁，我们的价值取向是什么。

【Why】通过讨论节日的起源、节日的发展、节日的意义，让读者了解关于节日的一些基本知识，如起源、风俗、发展变化等，认识到节日对于我们的重要性，并进一步理解尽管世界上有许多不同的节日，但其精神内核却是相通的。我们庆祝节日是因为节日反映了人类共同的精神追求和美好愿望，让我们得以脱离生活琐碎，享受生活，思考人生，认识自己。

【How】本文为论说文，标题以问句"WHY DO WE CELEBRATE FESTIVALS?"引人思考。文本围绕该主题，从三个方面论述：节日的起源与实质（第1—2段），节日的发展变化（第3—4段），节日的意义（第5段）。全文结构清晰，每一段的首句都是该段的中心句，支撑句通过实例或具体细节来论说主题。全文除两处谈及过去的习俗时使用了一般过去时，其余地方均使用一般现在时，表示客观事实。

第一段通过"a wide range of origins""however""no matter how different""common"等，突出节日起源与庆典方式之"异"，节日内涵之"同"。第二段在介绍丰收节时，从"ancient time"到"today"，以不同的地域（Egypt、some European countries、China）为例，表明从古至今，不同文化背景的人们对大自然的馈赠都怀有感恩之情，进一步阐明了节日具有共同的精神内核。第三段在谈及节日的发展变化时，以句型"One example is..."和"Another example is..."，介绍春节和万圣节这两个例子说明节日习俗的消亡与建立。第四段在谈及节日的商业化趋势，作者用以"Although"引导的让步状语从句，将人们对此现象的不同观点摆出，引发读者思考。最后一段用排比句阐明节日的意义："They reflect ...""They are occasions that ...""They help us understand ....."，结尾处再回到节日的共同精神内核这一话题上，强调节日的同多于异，呼应首段。

虽然文章围绕"我们为何庆祝节日？"这一问题展开，但全文没有就该问题做直接的回答或论证，而是对话题的相关方面做了介绍与阐释。作者先介绍节日的起源与实质，再介绍节日的发展与变化，最后点明节日的意义。针对这样的结构，有读者可能认为其扣题不紧，只是对节日的泛谈；有读者可能认为这样的结构步步深入，不仅让读者对节日有一个完整的认知，还能让其把握到文章的中心：尽管节日存在空间和时间上的不同，但它们都有相同的精神内核。

二、学情分析

授课班级学生中，特长生较多，学生的英语基础两极分化明显。学生学习态度认真，整体能接受全英文授课。以 3×3 英语学科能力要素框架为指导，该班学生学习理解能力较强，具体表现为大部分学生已基本具备在阅读中提取、概括信息的能力，但在整合信息、形成结构化知识方面较弱，在应用实践和迁移创新层面，少部分学生能用英语自信且有理有据地表达观点，大部分学生的描述与阐释、推理与论证的能力还需进一步提高。

学生对节日有一定了解，对这一话题比较感兴趣，对"我们为何庆祝节日"，也有自己初步的思考，但思考深度不够，还无法从节日中蕴含共同的精神内核这一角度去思考我们庆祝节日的原因。学生对篇章结构已有一定认知，知道议论文、说明文的写作结构，因此在阅读过程中，学生能够判断出文本结构是否合理，但对于不合理的文本结构尚缺乏大胆质疑的勇气和分析其不合理原因的能力。学生具备通过寻找主题句或概括关键词来总结段落大意的能力。全文词汇、句式简单，学生能够理解文章大意，可以引导其对文章进行深入分析，探讨主题意义，探究文本结构。

三、教学目标

通过本节课的学习，学生能够：

1.获取并梳理关于节日的信息，制作知识结构图，依据结构图介绍节日的相关知识。（A2 获取与梳理，A3 概括与整合，B1 描述与阐释，B3 内

化与运用）

2.针对节日风俗变化、节日商业化和庆祝节日的原因发表自己的看法。（B2分析与判断，C1推理与论证，C2批判与评价）

3.持批判态度评价文章结构，分析并阐释文章为何按照"何为节日——节日的发展变化——节日的意义"这一结构展开，感悟文章的中心思想，即无论节日习俗多么不同，节日如何发展变化，节日的内核都是共通且不变的。（B2分析与判断，C1推理与论证，C2批判与评价）

4.以小组形式创造一个体现人类共同价值追求的新节日，并介绍该节日的名称、时间、习俗和目的。（B1描述与阐释，C3想象与创造）

四、教学重难点

1.教学重点：

梳理关于节日的信息，制作知识结构图，并依据结构图介绍节日的相关知识。针对节日风俗变化、节日商业化及庆祝节日的意义发表自己的看法。

2.教学难点：

批判评价文章结构，分析并阐释文章为何按照"何为节日——节日的发展变化——节日的意义"这一结构展开，感悟文章的中心思想。

五、教学资源

课件，黑板等。

六、教学活动与设计说明

Activity 1 Share my views of celebrating festivals

Students work in groups of four, discussing the following questions, and then share their opinions with the whole class.

（1）What festival is your favorite? How do you celebrate it?

（2）Why do you think people celebrate festivals?

设计说明：要求学生分享与家人共度节日的情形，并针对人们庆祝节日的原因发表看法，引入情境，链接生活，预热话题，同时了解学生对庆祝节日的原因的认识，定位知识差。

Activity 2 Predict and check predictions

1.Students predict what aspects of festivals will be discussed in the text based on the title and the pictures.

2.Students read and figure out what aspects of festivals are discussed in the text.

3.Students divide the text into three parts and summarise the main idea of each part.

设计说明：要求学生根据题目和插图预测文章会谈论节日的哪些信息，调动学生的阅读兴趣，激发其好奇心。要求学生厘清文章谈论了节日的哪些信息，既是核对预测，也为下一步梳理文章结构做准备。引导学生梳理篇章结构，为画思维导图做准备，同时也为后文分析文章写作结构作铺垫。

Activity 3 Draw a mind map on festivals

1.Students read the text again and draw a mind map to introduce festivals.

2.Students practice introducing festivals by themselves and then practice in groups.

3.Students share their knowledge about festivals in the class.

4.Teacher comments on students' introduction.

设计说明：通过画思维导图，获取、梳理与整合文中有关节日起源与精神、变化与发展、节日意义的知识，构建结构化主题知识。通过"self talk""group talk"，以及全班分享的方式完善并内化有关节日的结构化知识，培养概括与整合信息的能力。

Activity 4 Voice my opinions on festivals

Students discuss the following questions in groups of four.

(1)Do you think customs should change with time? Explain with examples.

(2)What is the writer's attitude towards the commercialization of festivals? What is your opinion towards it?

(3)Customs are changing and festivals themselves are also changing, then why do we still celebrate festivals?

设计说明：本活动首先引导学生思考与讨论节日的变化，并形成对节日变化的个人看法，然后探讨节日一直在变，我们为何还要庆祝节日，帮助学生理解本文要传达的中心思想——习俗在变，节日的其他方面也可能发生变化，但节日的精神内核却一直在传递，这就是我们庆祝节日的原因和节日之于我们的价值。

Activity 5 Critically evaluate the structure

Students discuss whether the text effectively answers the title based on the text structure, and tell about why the author structures it like this.

设计说明：此活动引导学生批判性评价文章结构，帮助学生意识到文本结构与文章大意间相辅相成的关系，培养其高阶思维能力。同时，也帮助学生进一步体会和感悟作者想要表达的中心思想——无论节日习俗多么不同，节日如何发展变化，节日的内核都是共通且不变的。

Activity 6 Create a festival

Students work in groups of four and create a festival that shows the common spirit of human beings.

设计说明：此活动要求学生基于文本中心思想，设计一个新节日，旨在让学生迁移应用所学，培养学生的想象与创造能力。

Assignment：

Search online about more festivals and summarize what they have in common, and get ready to share these in next class.

　　设计说明：此活动旨在拓展学生对全球不同节日的了解，引导学生进一步体会纷繁节日表象下人类共同的价值追求，增强文化认同，培养跨文化交际能力。

七、专家点评

　　该教学活动设计主线清晰，逻辑清楚，层层推进。读前，通过对节日经历的分享与思考预热话题，根据标题与插图预测内容，激发学生的阅读欲望。读中，初读梳理主干信息——何为节日，节日的发展变化，节日的意义。随后通过思维导图梳理细节信息，建构主题知识。读后，讨论个人对节日庆祝方式的发展变化的看法，然后回归主题：Why do we celebrate festivals? 批判性思考作者是否已经很好地回答了此问题。最后，基于对节日的探究，让学生创建一个新的节日。本教学设计有以下亮点。第一，主题知识结构化。通过初读、细读、复述分享等，帮助学生构建并内化有关节日与庆祝的主题知识，培养学生梳理概括关键信息的能力，实现意义探究与语言学习融合。第二，主题意义深度挖掘。读后活动中，让学生发表看法，引导学生形成对节日变化的个人思考，并深度理解本文的中心思想，即节日的习俗在变，但节日的内核永恒，这就是节日的意义所在。活动层层深入，给学生搭建思考、交流、表达的平台，实现对分析、评价、批判、创造等高阶思维的培养，是有深度、有思维含量的阅读教学活动课，有效完成了既定的教学目标。

人教版必修三 UNIT 2

MOTHER OF TEN THOUSAND BABIES

授课教师：蔡慧

授课对象：海南中学高一学生

课　　型：阅读课

时　　长：2课时

一、文本解读

1.主题语境：人与自我——做人与做事——优秀品行。

2.语篇类型：记叙文。

3.文本分析：本单元的主题为"道德与美德"。本文为阅读与思考板块的语篇，承接上一课时的学习内容，引导学生深入了解学习林巧稚，理解其每次抉择时所体现的信念和价值观，进而启发学生反思自己该如何做出人生选择。

【What】本文介绍了"万婴之母"林巧稚的一生，着重描写了她人生不同阶段的几次重大抉择。林巧稚5岁时被母亲去世一事触动，18岁时选择从医。在那个女性备受歧视与束缚的年代，这是林巧稚冲破时代偏见做出的第一个艰难选择。优异的学习成绩使得林巧稚有机会留在协和医院成为一名医生，而后杰出的工作表现，又让她获得出国深造的机会。1939年，林巧稚在美国学习期间，被邀请留在美国工作，但她拒绝了，毅然选择回国，服务中国的妇女儿童。在那个时局动荡，战火纷飞的年代，这是林巧稚做出的第二个艰难选择。1941年，因为战争，协和医院关闭，为服务病人，林巧稚开办私人诊所，低价看病，这是她牺牲个人利益与安全，做出的第三个艰难选择。新中国成立后，林巧稚身兼数个重要职位，但她仍一心向医，为病人、为中国医疗事业奉献到生命的最后一刻。

文章呈现了一个医术精湛、医德高尚、一心为人民服务的伟大女性形象。

【Why】学习林巧稚的人生故事，能够帮助学生了解一个伟大的医生、女性为中国医疗事业作出的贡献。林巧稚的美好品质，如仁善、执着、敬业、自强、高度责任感等，也能感召学生，启发学生反思应该如何面对人生抉择、如何度过有意义的人生。

【How】本文是一篇记叙文。文章以人们对林巧稚的称赞为题，简明扼要地总结了林巧稚的成就。文章主要有以下五个突出特征。

第一，以第三人称叙事。这是传记体文章的基本特征，使人物的描写更客观、真实。

第二，以时间顺序为叙述方式。全文以时间顺序讲述了林巧稚从5岁到生命最后一刻的人生故事，交代了几个她人生的重要转折点。

第三，使用引言。全文共有四处直接引语，辅助塑造了一个更加立体、生动的人物形象，让读者更直观地感受林巧稚身上的美好品质。第一处引言位于文章开篇，起到了引出话题，总起全文的作用，引导读者阅读林巧稚的人生故事，探寻是什么支撑她度过了充满艰难选择的一生。第二处引言在文章第二段段末，体现了林巧稚的坚定、勇气与执着。第三处引言在第五段段末，表达了林巧稚对妇产科医生这一职业的认识，体现了她悬壶济世的仁者之心。第四处引言在最后一段段末，既是林巧稚的临终遗言，也是她一生的注脚。她这一生都在为他人服务，始终把他人的需要放在前面，即便在生命最后一刻，也在为他人着想。

第四，使用了大量的形容词和副词。在形容林巧稚精湛的医术和美好的品质时，使用了一系列的形容词和副词，如"the highest""the first""mmediately""greatly""often""usually""ever""very"等.

第五，语态使用合理规范。文章在介绍林巧稚的过硬的专业能力时，多用被动语态，使文章更加客观真实，如 "She immediately became the first woman ever to be hired as a resident physician in the OB-GYN department of the PUMC Hospital" "she was named a chief resident physician" "she was sent to study in Europe" "Dr Lin became the first Chinese woman ever to be appointed director of the OB-GYN department of the PUMC Hospital" "she was elected to the first National People's Congress" "she was known as the 'mother of ten thousand babies'"。而在体现林巧稚的个人选择时多用主动语态，以彰显她的高贵品格，如 "She chose to study medicine" "I'd rather stay single to study all my life" "Dr Lin, however, rejected the offer" "She wanted to serve the woman and children at home" "Dr Lin opened a private clinic" "She charged very low fees and often reduced costs" "Dr Lin did not retire until the day she died"。

二、学情分析

授课班级学生的英语水平较高，学习态度认真，整体能接受全英文授课。以3×3英语学科能力要素框架为指导，该班学生学习理解能力突出，具体表现为：大部分学生能够在阅读中提取、概括并整合信息。在应用实践和迁移创新方面，学生能够基于整合的信息，自信地用英语介绍或表达个人观点；也喜欢进行一些创意性活动，但缺乏批判意识，推理与论证能力较弱。

大多数学生对林巧稚不太熟悉，少数学生知道她是一名杰出的妇产科医生，但不了解其职业生涯故事。班级有许多同学未来想要投身医疗行业，对这一话题感兴趣。从学生的课前分享中，可知学生对中国历史、女性权益等话题也感兴趣。本单元的句式和词汇表达对于学生来说不难，但细节信息多，历史背景重，需要教师做适当的历史背景补充，引导学生深入探究人物。

三、教学目标

通过本节课的学习，学生能够：

1.获取梳理林巧稚的人生故事，形成知识结构图，并依据结构图介绍林巧稚。（A2 获取与梳理，A3 概括与整合，B1 描述与阐释，B3 内化与运用）

2.分析林巧稚曾面临哪些艰难选择，并依据补充资料阐释这些选择为何艰难，总结其做选择的原则。（B1 描述与阐释，B2 分析与判断）

3.归纳林巧稚的高贵品质和其被称为"万婴之母"的原因，说说自己以后面对人生问题时会如何选择。（B3 内化与运用，C1 推理与论证）

4.综合所学，为林巧稚纪念园设计标志，阐明自己对林巧稚的认识和林巧稚对自己的启发。（C1 批判与评价，C3 想象与创造）

四、教学重难点

1.教学重点：

获取梳理林巧稚的人生故事，形成知识结构图，并依据结构图介绍林巧稚。分析林巧稚曾面临哪些艰难选择，并依据补充资料阐释这些选择为何艰难，总结其做选择的原则。

2.教学难点：

分析归纳林巧稚的高贵品质及其被称为"万婴之母"的原因，简要说明自己做出人生选择时，应该坚持哪些原则。

五、教学资源

课件，黑板等。

六、教学活动与设计说明

Activity 1 Your choices

Students suppose themselves as a girl in the old days and share their choices in three similar situations that Dr Lin was once faced with.

设计说明：此活动挑选文本中林巧稚曾面临的三个艰难抉择来创设情境，让学生讨论他们面对这些问题时会如何选择，旨在预热话题，介绍相关历史背景，让学生后面的阅读理解更顺畅，同时引导学生初步思考如何做抉择，体会做抉择的艰难。

Activity 2 Predict and skim

1.Students read the title of the text and discuss what kind of person can be called "mother of ten thousand babies".

2.Students read the text and answer following questions.

（1）Who is called "mother of ten thousand babies"?

（2）Why is she called "mother of ten thousand babies"?

设计说明：通过标题，激发学生阅读兴趣，为学生逐步深化对林巧稚精神品质的认知作铺垫。学生浏览全文，获取主要信息，建立对文章的初步认知，知道所述何人，其有何贡献。

Activity 3 Read and draw a timeline

1.Students read the text again and draw a timeline to tell Dr Lin's life story.

2.Students practice introducing Dr Lin's life story by themselves in groups.

3.Students introduce Dr Lin's life story in the class.

设计说明：本活动旨在培养学生梳理、概括、整合、传达信息的能力。学生借助时间轴获取、梳理与整合有关林巧稚的事实性信息，构建结构化知识。通过分享，完善与内化结构化知识，提升语言表达能力。

Activity 4　Analyse Dr Lin's choices

1.Students discuss what difficult choices Dr Lin had made in her life.

2.Students analyse why these choices were difficult with supplementary materials about Dr Lin.

Supplementary Reading Card

In pre-Communist China, women had a very low social status. They were strictly prohibited from social activities, and all they had to do in their whole life was to be good daughters, good wives and good mothers. All rights, such as property rights, divorce rights, work rights, educational rights, and political rights, were actually men's rights. Though the May Fourth Movement brought about some improvement on Chinese women's social status, it was still difficult for them to make choices for themselves but followed their fathers, brothers and husbands and so on.

3.Students summarize the principles that Dr Lin respected when she made choices.

设计说明：根据当时的社会历史情况，分析林巧稚做这些选择艰难的原因，从而深刻认识林巧稚身上的高贵品质。

Activity 5　Comment Dr Lin's choices

1. Students read the text again and share what they can learn from Dr Lin.

2. Students read the text again to share their opinions on why Lin is called "mother of ten thousand babies".

设计说明：再次阅读文章，总结林巧稚身上的高贵品质，深入理解林巧稚为医学事业所作的贡献以及她的影响，呼应一开始学生对题目的理解和预测。本活动旨在培养学生梳理、概括、分析、论证、评价等高阶思维能力。

Activity 6 My new understandings of making choices

1. Students explain their reasons or principles for making choices with examples.

2. Working in groups, students design a logo for Dr Lin's memorial—Yu Garden, and introduce the logo.

设计说明：创造新情境，让学生利用所学解决新问题，帮助学生形成对做选择的新认知。

Assignment:

Watch the movie *Endless Love* and write a reflective diary.

设计说明：观看电影，有助于拓展学生对林巧稚的认识；写反思性日记，有助于学生巩固和深化所学。

七、专家点评

该教学活动设计学情分析具体贴切，目标设定合理，聚焦主题，逻辑连贯，层层深入，具有以下特色。

主题意义引领，主线清晰。文本聚焦"make choices in life"，引导学生思考抉择所体现的信念和价值观，启发学生反思自己的人生选择。导入部分通过三个问题，将学生带入"making choices"的情境，随后阅读梳理林巧稚一生中的重大抉择，分析她抉择之"难"与"坚"，挖掘其做出抉择背后所体现的个人价值观，最后，在学生理解"抉择"之后，反思自己应该如何做选择并解释原因，达到了以读生慧，以慧导行的目的。

主题知识连线成片，拓展挖掘重要信息。通过时间轴梳理林巧稚的生平，再聚焦她的五次重大抉择，通过拓展阅读资料，引导学生分析当时的时代背景下，她抉择的"艰难"而"坚定"。

迁移创新活动设计新颖。本课最后的活动让学生为林巧稚纪念馆"豫园"设计徽标，以及观看*Endless Love*视频，撰写反思日记，巩固所学的主题知识与语言知识，也启发学生如何正确抉择，更好地规划人生。

人教版必修三 UNIT 3

LEARN ABOUT A CITY THAT HAS DIVERSE CULTURES

授课教师：陈敏

授课对象：临高中学高一学生

课　　型：阅读课

时　　长：2课时

一、文本解读

1.主题语境：人与社会——社会与文化——多元文化。

2.语篇类型：记叙文。

3.文本分析：本单元的主题为"多元文化"。本文是阅读与思考板块的语篇，主题是"了解一个具有多元文化特点的城市"，体裁是旅行日记。文章通过描写作者的旧金山一日行，引导学生了解旧金山的多元文化和特色，加深对文化异同的理解及对不同文化的尊重，形成包容、开放的文化态度。

【What】本文是一则旅行日记，记录了中国学生 Li Lan 旧金山之旅的见闻及感受。文章先是介绍了旧金山教会区由平民区到成为旧金山艺术、音乐和美食中心的演变，同时还提出旧金山的多元化的历史原因之一——淘金热，在文章结束前又提到了唐人街及其美食，描述了主人公从最初对旧金山的城市建筑产生兴趣到逐渐体会到多元文化对这个城市方方面面的影响。

【Why】作者通过在旧金山一日旅行的见闻，介绍了多元文化融合对一个城市的历史塑造，如 Gold Rush 中的世界各国移民使旧金山变大变强。旧金山震后重建，Mission District 的改变，Chinatown 的饮食文化等。这些例子表明，多元文化共生和融合对城市的健康发展和当地人民的和谐生活起到重要的作用。这些介绍也加深了学生对文化异同的理解和尊重，有利于促进多元文化的和谐发展。

【How】这篇旅行日记以第一人称的视角，用一般过去时记述了作者在旅行地参观的景点，参与的活动和旅行的感受。首先，第一人称拉近了读者与作者的距离，让读者倍感亲切。其次，句式灵活多样，如使用感叹句 "what a city!" "what great food!" 表达了作者对旧金山这座城市和食物的喜爱；省略句 "can't wait!" 简短且口语化，有力表达了作者迫不及待去体验 jazz bar 的心情。通过这些带有强烈情感色彩的句子让读者感受作者旅途中的见闻和所感。最后，作者用定语从句对特色地点进行详细的描述和介绍，加深了读者对旧金山历史和文化的理解，如旧金山（a city that was able to rebuilt itself after the earthquake that occurred），博物馆（a local museum that showed the historical changes in California），粤式餐馆（a Cantonese restaurant that served its food on beautiful china plates），淘金热（gold was discovered near San Francisco, which started a gold rush），汇聚华工血泪的美国第一条横贯大陆铁路（the railway that joined the eastern region of the country）。分词短语点明了景点的转换和场景的描述，如 "camping in the Redwood Forest" "visiting the wine country of Napa Valley" "many sitting on the top of big hills" "offering great views" "living here" "looking at the street art"。

文章结构清晰，第一段描述了作者对旧金山的第一印象。第二、三、四、五段分别叙述了作者上午、下午、傍晚在旧金山的活动和所见所闻，以及第二天的安排。

二、学情分析

授课班级学生经过一个学期的学习，词汇量、阅读量逐步增加，对绘制思维导图过程相对熟悉。学生对美国旧金山这座城市的历史、文化等不太了解，相关知识储备不足，对多元文化这一话题的相关语言和知识的积累较少，但已掌握了一些旅行日记类文本的语篇知识，如观光时间、观光地点、见闻、感想，且对时间线索、地点的变化等事实类信息的搜寻和定位相对熟练。

三、教学目标

1.提取文本信息，梳理出 Li Lan 在旧金山一日旅行的行程图并概括旧金山多元文化的特征及其成因。（A2 获取与梳理，A3 概括与整合，B1 描述与阐释）

2.提取文本中关于旅行景点的描述，分析判断作者在旅行中的思想情感，了解作者对多元文化的态度。（A2 获取与梳理，B1 描述与阐释，B2 分析与判断，B3 内化与运用）

3.口头复述作者旧金山一日旅行的见闻与感受，思考多元文化对该城市的影响。（A3 概括与整合，B1 描述与阐释，B3 内化与运用）

4.能够比较、辨别多元文化在海南的具体表现并设计临高一日文化之旅。（C1 推理与论证，C2 想象与创造，C3 批判与评价）

四、教学重难点

1.教学重点：

引导学生理解旧金山的多元文化特征及其成因，指导学生使用结构图分类和整理文本信息，从而把握文章的结构和作者的写作逻辑。

2.教学难点：

引导学生理解旧金山的多元文化特征及其成因，指导学生使用结构图对文本信息进行分类整理，设计临高一日文化之旅。

五、教学资源

课件，黑板，学案等。

六、教学活动与设计说明

Activity 1 Lead-in

1.Ask students to find San Francisco on the map and describe its location.

2.Watch the video of San Francisco and discuss in groups：What do you know and want to know about the city?

设计说明：学生查地图明确旧金山的地理位置，后观看视频，激发学习兴趣。小组讨论调动有关旧金山的知识储备，为熟悉话题做好准备。

Activity 2 Predict and skim

1.Teacher asks students a question as follows：A Chinese girl, Li Lan, has taken a trip there, and she wrote a travel journal. What do you think she might write about in her journal?

2.Students scan the text to confirm whether their predictions are right or wrong.

设计说明：通过预测和验证预测，如寻找、定位游览地点和时间，培养学生在短时间内从长篇幅文章中获取相关信息的能力。

Activity 3 Read and draw a timeline

1.Students read the travel journal again and complete the timeline of Li Lan's trip, including Where did she visit? When did she go there? What did she see or do?

2.Students read the passage again and find out：What is Li Lan's impression of San Francisco or California? What examples of ethnic diversity can you find in the journal?

设计说明：引导学生梳理文本内容，发现旧金山景点引人注目之处，思考各个景点的共同之处——体现多元文化，同时了解其多元文化的成因，概括出结构化知识。通过分享旅程与感悟，内化并运用所学语言文化知识。

Activity 4　Discuss

Students discuss the following questions in four groups.

（1）How many historical reasons are mentioned in the text to explain why San Francisco has diverse cultures? Please list them.

（2）What does "home" refer to in the sentence：When the immigrants left their countries, they carried a bit of home in their hearts, and built a new home here.

（3）Did Li Lan enjoy her trip in San Francisco? Can you find some evidence to support your idea?

（4）What is the author's attitude toward diverse cultures?

设计说明：引导学生聚焦主题——多元文化，感受多元文化对旧金山方方面面的影响，巩固使用信息结构图分类和整理信息的能力。引导学生从作者使用的词句，推断其思想情感，从而正确把握作者的情感态度。

Activity 5　Think and discuss

1.Watch a video of San Francisco. Think about these questions：Without cultural diversity, do you think San Francisco is an attractive city? Why do you think so?

2.Talk about the benefits and challenges of cultural diversity?

设计说明：对多元文化进行批判性的思考，讨论多元文化对我们的影响，形成对多元文化现象开放、包容的态度。

Activity 6　Describe

Students work in groups of four, introducing cultural diversity of Hainan. Focus on the multi-cultural phenomenon in Hainan and what should we do to build a harmonious and multi-cultural Hainan.

设计说明：创造新情境，让学生利用所学解决新问题。基于主题，挖掘当地丰富的多元文化内容，增强学生的文化认同和文化自信。

Assignment：

Write a passage of 200 words to introduce cultural diversity of Hainan.

设计说明：学生课后完成一篇介绍海南多元文化的作文，将本课所学的语言表达和内容通过完成书面作业的形式呈现出来，深化对主题的理解，实现迁移创新。

七、专家点评

该教学设计聚焦多元文化主题，以 Li Lan 的旧金山之旅及多元文化现象探索为主线，设置了一系列由浅入深的学习活动，引导学生透过现象看本质，通过意义探究学习相关语言表达和文化，具有以下亮点。

第一，活动逻辑清晰，层次清楚。活动设计遵循"初识城市——城市旅游——城市印象——文化探索——本土文化反思"的顺序由浅入深，由远及近，不断更新学生对旧金山市的认知。引导学生通过查阅地图、观看视频、小组讨论的形式，从多个维度了解旧金山，深入理解其"多元文化"的本质原因，形成对文化共存现象的理解和包容。

第二，思辨性问题导向，形成正确的文化观。阅读过程中，教师引导学会生想象旧金山中国移民的生活，理解他们对旧金山城市建设所作出的巨大贡献；读后活动与作业布置中引导学生反思多元文化现象的利与弊，对建设文化共存的和谐社会提出建议，帮助学生建立正确的文化观念与态度。

第三，情境创设，落实素养提升。在学生梳理 Li Lan 旅游活动与感悟之后，创设与朋友分享的活动，引导其内化并运用语言。最后，引导学生反思、描述本土多元文化现象并提出和谐多元文化社会建设的建议，学生可以运用所学，创新性地解决实际问题。

一、文本解读

1.主题语境：人与自然——宇宙探索——太空探索发展进程。

2.语篇类型：科普类说明文。

3.文本分析：本单元的主题是"太空探索"。本文为阅读与思考板块的语篇，内容为人类太空探索的发展历程及其意义，目的在于引导学生了解人类太空探索的背景与发展进程，理解太空探索对人类发展的深远意义，认识人类在太空探索方面遇到的困难及取得的辉煌成就，感受和体会科学家和宇航员们为探索太空做出的努力，学习他们勇于探索、不畏艰难的精神。

【What】本文介绍了人类太空探索的起源、发展进程、重大历史事件、及未来展望。全文共五个段落，围绕主题叙述五个方面的内容：太空探索的背景、美苏太空探索的起步与发展、太空探索的挑战与困难、中国太空探索事业的发展与成就、太空探索的未来展望。

【Why】通过介绍太空探索，引导学生深入思考宇宙探索对人类发展的重要意义，了解人类为探索浩渺太空所付出的努力，学习科学家和宇航员们不畏艰难、勇于探索、刻苦钻研、勇担重任、无私奉献的精神品质。引导学生了解我国太空探索领域的辉煌成就，增强文化自信、爱国情怀与民族自豪感，树立努力学习、刻苦钻研，为国家航天航空事业的发展贡献力量的远大志向。

【How】本文为科普说明文，文本配有三个插图，均为宇宙探索事件的相关图片，分别是阿波罗登月、挑战者号航天飞机事故、"玉兔号"月球车，展示了人类太空探索进程中的重要历史事件。

文章标题为"SPACE：THE FINAL FRONTIER"，简洁明了、蕴意深刻、引人注目，是典型的科普文标题。此标题源于美国系列连续剧《星际迷航》（*Star Trek*）每一集的引语——剧中人物 James Kirk 舰长的一段独白，即"Space, the final frontier. These are the voyages of the starship Enterprise. Its continuing mission: to explore strange new worlds, to seek out new life and civilizations, to boldly go where no man has gone before."

文章按照时间顺序介绍人类探索太空的历史，开头和结尾均强调了探索宇宙的目的和意义，首尾呼应，为典型的"总—分—总"结构。第一段通过描述人们仰望星空的情境并对"Are we alone? What's out there?"这两个问题的遐想，引出话题，激发读者兴趣。接着，使用目的状语"want to learn..." "work hard to find the answer" "make vehicles to carry brave people..." "also really wish to discover..." "to find out" "enable us to understand"等介绍了太空探索事业的起源、背景和目的。第二至四段介绍人类太空探索的发展进程及重要历史事件，以及中国探索太空事业的发展与成就。其中运用了许多表达来说明事件发生的先后顺序，如"before the mid-20th century" "on 4 October 1957" "afterwards" "over eight years later" "following this" "when" "then" "after that" "more recently"等。而且，通过转折结构，如"however" "some scientists were determined to..." "but the desire to explore the universe never died" "Despite the difficulties..."等展现了太空探索事业的艰辛，以及科学家和宇航员开拓进取、不畏艰难、永不停歇的精神。

文章具有鲜明的科普说明文特点，使用了许多与航天相关的专有名词，如 ISS、USSR、Sputnik 1、Soyuz 11、Voyager 1 等。主题词汇有 stars, space, universe, travel into space, explore space 等，词块有 make rockets, escape Earth's gravity, launch satellite, send people to space, transmit data, step on the moon 等。

二、学情分析

授课班级的学生能接受全英文授课，学习态度较认真，学习热情高，自主学习、合作学习能力较强。以 3×3 英语学科能力要素框架为指导，该班学生能够理解文章大意，获取文章细节信息，但部分学生在概括和整合语篇结构化知识、描述与阐释等方面的能力比较弱。此外，部分学生在分析、批判地评价作者观点、形成个人看法上存在困难，还需教师进一步引导。学生对于宇宙探索话题很有兴趣，对太空探索的发展史有一定的了解，但相关知识储备有限。文章结构清晰，句子结构稍微复杂，但学生理解起来没有太大问题。学生对文中具体的机构和名称及与太空探索主题相关的词汇较陌生。

三、教学目标

通过本节课的学习，学生能够：

1.获取梳理关于人类太空探索发展和成就的信息，包括太空探索的背景、发展、挫折、未来展望等；制作太空探索知识结构图；依据结构图，介绍太空探索发展史。（A2 获取与梳理，A3 概括与整合，B1 描述与阐释，B3 内化与运用）

2.罗列太空探索的灾难事故，分析人们对太空的探索的态度，阐述个人对人类探索太空的价值的看法。（B2 分析与判断，C1 推理与论证，C2 批判与评价）

3.假设自己是一名文昌航天博物馆的解说员，向游客介绍中国的航天

事业发展史及对太空探索未来的展望。（C3想象与创造）

四、教学重难点

1.教学重点：
梳理关于太空探索发展史的结构化知识。
2.教学难点：
分析人们对太空探索的态度，形成自己的价值判断。

五、教学资源

课件，黑板等。

六、教学活动与设计说明

Activity 1 Lead in

Students watch a short video about Shenzhou 13 being launched into space and answer the following questions.

（1）What is the video about?

（2）What do you know about space exploration?

（3）Why do you think people want to explore the universe?

设计说明：通过播放神舟十三号发射的短视频展示太空探索的成就，请学生分享他们对人类太空探索的了解，探究人类太空探索的原因。视频引入情境，链接生活，预热话题，同时了解学生对话题的熟悉度，导入话题词汇。

Activity 2 Read and fill the gap

1.Students go through the title and the pictures, then answer the following questions.

（1）What can you see in the pictures?

（2）What are they used for? What countries do they belong to?

（3）What does the title mean? What do you expect to read about in the text? Where can you find this kind of text?

2.Students do exercises on Page 40 of their textbooks. Several sentences have been removed from the text, read the text and choose the correct sentence A–D to fill each gap.

A.Although scientists try to make sure nothing goes wrong, accidents can still happen.

B.They also really wish to discover other planets that are suitable for enough to support life.

C.The future of space exploration remain bright.

D.After many experiments, they succeeded in making rockets that could escape Earth's gravity.

设计说明：引导学生通过看标题、图片等预测文本内容和文章出处，关注文本特征，增强语篇意识。学生通过完成选句填空活动，既可以浏览全文把握大意，又可以通过分析句子之间的关系，培养分析、推理能力。

Activity 3 Summarize the main idea

Students read the text again and use their own words to summarize the main idea of each paragraph.

设计说明：引导学生通过查找主题句、重复词，归纳概括段落大意，梳理文章中心意思，为随后绘制思维导图作铺垫，培养查找、整合、概括关键信息的能力，关注语篇标识语，厘清文本逻辑。

Activity 4 Read and draw a timeline

1.Teacher puts forwards the following question.

（1）How does the author introduce the development of the space?

（2）Can you underline the time phrases?

2.Students read the text and then finish the following tasks.

（1）Draw a timeline about the development of space exploration.

（2）Draw a timeline about the achievements of China's space program.

（3）List disasters of space exploration.

3.Students are invited to introduce the development and significance of space exploration in the meeting of the International High School Students' Astronomical Union. Let them do self-talk first and then share with group members and later with the whole class.

设计说明：学生通过画思维导图，获取、梳理与整合文中有关人类探索太空的背景、历程、成就、挫折等信息，形成主题结构化知识。创设生活化情景——假设你受邀参加国际中学生航空协会会议并做介绍人类太空探索的发展历程与意义的发言，以培养学生梳理、概括和整合信息的能力并内化相关知识。

Activity 5 Discuss

1.Students discuss in groups and share their opinions on one of the following questions. Then they share with the whole class and other students should comment on their opinions.

（1）What is people's attitude towards space exploration? Find evidence from the text.

（2）Why do people still continue with space exploration despite the disasters?

（3）Students point out what words or expressions are used to show great progress made by China in the passage?

（4）Do you think it worthwhile to further space exploration? Why or why not?

2.Let the students think about how they understand the title, and share their opinons in class.

设计说明：引导学生通过讨论，推断人们和本文作者对太空探索的态度，形成对太空探索的认知，深入理解太空探索的意义、前景、及宇航员与科学家们付出的努力，培养推断、论证、评价、表达的能力。

Activity 6 Introduce

Four students work in groups to role play the following scene.One student acts as the volunteer, the others act as the exchange students.

On China Space Day, Wenchang Space Science and Technology Museum invites volunteers from your school to introduce the development of China's space exploration to exchange students from foreign countries. There will be a follow-up question and answer session after the introduction.

设计说明：学生四人一组角色扮演，一人扮演成志愿者，其他三人扮演外国学生，并完成相关的情景表演。让学生通过互动问答内化所学知识，学会在新情境中运用所学知识，提升语言表达能力，形成正确价值判断，提升民族自豪感。

Assignment：

Write a short passage of 200 words about the development and achievements of China's space exploration program, including your opinions on them.

设计说明：学生通过写作，可以消化和巩固本课所学，培养写作能力。教师通过阅读学生习作，可以检测课堂教学效果。

七、专家点评

该教学设计聚焦太空探索主题，引导学生从多个角度学习主题知识，探究主题意义，运用语言知识，构建主题认知，满足学生对太空探索的好奇，主要有以下亮点。

第一，媒介激趣。导入部分播放神舟13发射的短视频，激活学生的原有知识，再通过讨论文章插图补充重要太空探索时间，激发学生对探空探索主题的好奇与思考，调动学习的积极性。

第二，活动导思。通过绘制时间轴和讨论，梳理太空探索的国内外成就，启发学生思考太空探索成功的原因、意义、前景，理解并学习科学家和宇航员们不畏艰难、勇于探索、无私奉献的精神品质。

第三，策略导学。在选句填空补全文章和概括段落大意的活动中，教师进行学习策略指导，引导学生关注语篇标识语掌握句际逻辑，以及关键信息呈现的方式，培养把握行文逻辑，查找、整合、概括关键信息的能力。

第四，情境应用。链接生活，创设现实生活情境，一方面，引导学生以主人翁的身份思考太空探索话题，励志投身航天航空事业；另一方面，通过情境运用，复现语言知识，实现滚动式语言学习。

人教版必修三 UNIT 5

THE MILLION POUND BANK NOTE ACT 1, SCENE 3

授课教师：周光丽　吴爱姣

授课对象：儋州市第三中学高一学生

课　　型：阅读课

时　　长：2课时

一、文本解读

1.主题语境：人与社会——文学——戏剧。

2.语篇类型：戏剧剧本。

3.文本分析：本单元的主题是"金钱的价值"。听说读看写部分均为美国作家马克·吐温的短篇小说《百万英镑》同名电影改编的戏剧剧本片段。通过剧本学习，学生可以了解19世纪初西方资本主义国家的文化背景、社会状况和道德观念，树立正确的金钱观和价值观，学会欣赏英文剧本，尝试表演戏剧。

【What】本文为《百万英镑》第一幕第三场的剧本。内容是两个富豪打赌的片段。一对英国富豪兄弟 Roderick 和 Oliver 打了个赌。Oliver 认为一张面值一百万英镑的钞票能让一个人在伦敦生活一个月，Roderick 表示怀疑。这时，他们看到街上走来一个衣衫褴褛、穷困潦倒的年轻人。此人是美国年轻人 Henry，他因出海遇到风浪被带到英国，流落街头，饥肠辘辘。两兄弟经过一系列的询问之后，认为 Henry 是他们打赌最合适的人选，于是将一张一百万英镑的钞票装入一个信封交给 Henry，并约定下午两点后才能打开。Henry稀里糊涂地接受了百万英镑。

【Why】通过阅读剧本，引导学生认识英文剧本的文本特征，学会分析戏剧元素在刻画人物、推动故事情节发展、揭示故事主题方面的意义，学会赏析戏剧的语言，为后面进一步阅读学习马克·吐温的剧本作铺垫。同时借助"a bet between two wealthy men"这一主线，引导学生思考金钱在不同人生活中的意义，例如，富翁用百万英镑打赌，金钱是他们验证假设、平息争执的工具，但对于穷人来说获得金钱却是填饱肚子的必要途径，以此来引导学生思考金钱的价值和意义，树立正确的金钱观、价值观。

【How】本文为《百万英镑》戏剧第一幕第三场的剧本。结构上包含了剧本的基本元素，如标题、场次、台词/对白、旁白、独白和舞台说明。

本场剧目围绕着百万英镑银行支票展开，交代了故事发展的主线。旁白部分介绍了本场戏剧的背景：富有的伦敦兄弟意欲选择贫困的Henry来执行赌约。旁白采用现在时态代替过去时态，缩短了时空感，使得故事如发生在眼前。

舞台说明部分采用现在时态，用了省略句式，保留动词、形容词、副词等突出人物动作状态、情感态度、外形外貌、内心活动，如"opening the door""enters""smile at each other""happily""taking it carefully"。舞台说明简洁明了、富有感染力，起到烘托气氛、展示人物性格、推动情节发展的作用，如两兄弟在询问了解Henry的情况后，"The brother smile at each other""happily"的表达，展现了两兄弟的狡黠、顽皮，用"getting it from a desk and giving it to Henry"对比Henry"taking it carefully"，将富人对待金钱的随意态度和Henry的小心翼翼刻画出来。

对白部分通过人物语言刻画人物的性格特点和情感。本场剧本对白使用了大量的情态动词表达说话人的意图、态度、愿望等，体现了人物的性格、情感、心理活动等，如"Adams, Henry Adams""Well, to be honest, I have none""Well, I can't say that I have any plans. As a matter of fact, I landed in Britain by accident""well, It may seem lucky to you but not to me!......if you will excuse me, I ought to be on my way" "Oh, no. I don't want your charity. I just want a job that earns an honest income" 刻画了Henry坦诚、善良、正直的形象，而其对富豪兄弟听完自己悲惨遭遇却兴奋的困惑和感觉自己被戏弄时的愤怒都跃然纸上。"Yes, I went to the American consulate to seek help, but......"暗示Henry曾经求救过，但因为自己的穷苦处境而被拒绝，体现了金钱社会对穷人的残酷。文中的"You mustn't worry about that. It's an advantage." "What luck! Brother, What luck!"将富人兄弟盛气凌人、高高在上，对金钱任性、对穷人冷漠的狡黠形象刻画得十分深刻。

二、学情分析

授课班级的学生英语基础薄弱，仅少部分学生能够接受全英文授课。学生对文本信息的理解、应用、迁移等都有一定困难，教师可以循序渐进地开展教学活动，引导学生理解剧本，进行剧本表演，激发学生的学习兴趣。

学生接触过马克·吐温的小说，对作者有所了解，也听说过《百万英镑》的小说和电影，对剧本有一定的兴趣，但没有读过英文剧本。

从语篇结构看，学生在语文课上对国内外的戏剧有所了解，所以对英文戏剧中的各个要素，如题目、旁白、人物等的理解问题不大，而理解各要素在推动故事发展、人物性格刻画、人物内心情绪转变上的作用是本节课的重点和难点。

从句子结构和词汇看，剧本以对话为主，句子结构简单，单词难度不大，学生在课前预习的前提下，基本可以读懂本场戏剧。在扫除词汇、句法障碍的前提下，学生可以通过快速阅读获取文本信息，理解文本表层意义，但想要对文本进行深层次理解与欣赏需要教师引导。

三、教学目标

通过本节课的学习，学生能够：

1. 浏览剧本的版面、插图等信息，识别剧本的篇章结构特点，分析本文的戏剧要素，理解戏剧要素的功能。（A1感知与注意，A3概括与整合）

2. 阅读全文，获悉故事背景与情节，梳理两兄弟选择Henry来执行赌约的过程的关键信息，并用自己的话复述故事内容。（A2获取与梳理，A3概括与整合，B1描述与阐释，B3内化与运用）

3. 分析舞台说明与对白，通过人物的动作、神态、心理、语言的描写，推断文本的隐含意义，分析人物的性格特征及其所处的社会背景等，预测后续情节。（B2分析与判断，C1推理与论证，C3想象与创造）

4. 多角度赏析剧本，思考金钱对个人的意义，形成正确的金钱观与价值观。（C1推理与论证，C2批判与评价）

5. 分小组角色扮演，表演剧本，深入体验人物的性格特征，提高语言表达能力。（C3想象与创造）

四、教学重难点

1. 教学重点：

梳理故事情节，分析人物性格特征，赏析戏剧语言。

2. 教学难点：

思考金钱对个人的意义，形成正确的金钱观与价值观。

五、教学资源

课件，黑板，剧本表演道具等。

六、教学活动与设计说明

Activity 1 Lead in

1. Present some pictures of Mark Twain's novels such as *The Adventures of Tom Sawyer*, *The Adventures of Huckleberry Finn*, and ask students to talk about Mark Twain and his works.

2. Then ask students to talk about *The Million Pound Bank Notes* if any of them has read or watched it.

3. Students watch a short clip of the film that presents some of the main characters.

设计说明：由相关图片导入话题，引出作者介绍及《百万英镑》的小说和电影相关信息，激活学生的先验知识，激发学生的好奇心与兴趣，定位知识差。

Activity 2 Read and fill the gap

1. Students go through the title, the pictures and the layout of text, and think about the following questions.

（1）How is the text different from others?

（2）What is the text type of the reading?

（3）What are the basic elements of a play according to the knowledge you know about the Chinese play? What is the function of each element?

2. Students work in groups to discuss how to appreciate a play?

设计说明：通过浏览篇章布局，引导学生关注文本特征，识别英文戏剧的基本要素，包括标题、场次、对白、旁白、人物姓名、舞台指导等，增强学生语篇意识，引导学生探讨如何欣赏戏剧，探究剧本的主题意义。

Activity 2 Skim for plot

1.Students skim the play and get a general understanding of the plot, and then answer the following questions.

（1）How did the story begin?

（2）Who are the main characters in this scene? What are they?

（3）What did the two brothers bet on?

（4）Who did they choose for their bet in the end?

2.Students read the text and fill the form below, then sum up the main idea of the whole text in their own words.

When	What happened
When in America	
About a month ago	
Towards night	
The next morning	
Later	
After Henry arrived in London	
While Henry walking outside the two brothers' house	
At last	

设计说明：

学生浏览全文并回答问题，提炼故事的起因、经过、结果，把握故事梗概。通过填表活动，梳理故事发展的细节，并在此基础上用自己的话概括文章大意。此活动旨在引导学生关注文本主旨时要依据具体的信息。

Activity 3 Read for deep understanding

Students read the text again and finish the following tasks.

1.What information about Henry did the two brothers want to know? Why do you think they choose Henry for their bet?

2.How does Henry as well as the two brothers feel during the whole process of their conversation? Analyze their words and actions, and collect evidences.

3.Explain what the speakers mean by saying these sentences.

（1）I went to the American consulate to seek help, but...Anyway, I didn't care to try again.

（2）You mustn't worry about that. It's an advantage.

（3）What luck! Brother, what luck!

（4）Oh, this is silly.

设计说明：此活动旨在分析富豪兄弟的问话，推断他们选择 Henry 的原因；梳理文中关于 Henry 和富豪兄弟的情绪情感的句子，推断某些关键句子的言外之意；引导学生采用不同的阅读策略，根据上下文已知的信息，推断文章的深层含义和作者的言外之意，深挖文章主旨。

Activity 4 Characters analysis

Students discuss what kind of person Henry and the two brothers are and find out evidences that shows their characters in the passage.

设计说明：学生通过提取梳理相关戏剧元素，如对白、舞台说明，推断概括 Henry 和 the two brothers 的性格特征。此活动旨在引导学生关注戏剧元素对人物刻画的推动作用，实现从读文本到理解文本含义的过渡，为下文的主旨探索和角色扮演阅读作铺垫。

Activity 5 Explore the theme

Students discuss in groups of four, choose to discuss and each group tries to finish one question of the four below.

（1）What motivate the brothers to make their bet?

（2）Why don't the brothers want Henry to open the envelope before 2 o'clock? How do you think the story may continue?

（3）What does money mean to everyone in the play?

（4）What does money mean to you? In your opinion, is money the basis of a happy life? Why or why not?

设计说明：通过深层次问题的讨论，引导学生思考富豪兄弟打赌的起因与故事走向。思考金钱对剧中人物的意义、对个人的意义，形成正确的金钱观与价值观。此活动旨在激发学生学习兴趣，提升学生对文本的解读能力和批判性思维能力。

Activity 6 Consolidation

Students choose to do one of the following activities based on their own language capacity.

1.Write a summary of the text using the words and phrases below.

have an argument, make a bet, settle the argument, take part in the bet, invite sb into one's house, by accident, seek help, get upset with sb, envelope

2.Find some sentences that are expressive with strong emotions.

设计说明：通过撰写剧本摘要，回顾故事内容，运用、巩固所学语言知识。找出文中表现力、渲染力强的句子，再次深入体会语言在表达情感态度方面的作用，同时为下文分角色朗读作铺垫。

Activity 7 Role play reading

Students work in groups to role play different characters of the play. Then they read the play with proper emotions by adding some facial expressions or gestures to better convey their meanings and feelings.

设计说明：通过分角色朗读活动，让学生进一步体验剧中角色的情感态度、个性特征，同时训练语音语调，巩固所学语言，提高口语能力，为课后的剧本表演作铺垫。

Assignment：

1.Watch the movie *The Million Pound Bank Note* in your spare time.

2.Work in groups, get ready to act out Act 1 Scene 3 in the next period.

设计说明：鼓励学生进行戏剧表演，通过角色表演活动沉浸式体验并深度挖掘英语戏剧语言的独特魅力。

七、专家点评

该教学设计立足学生实际，遵循剧本阅读与赏析的方法，通过系列的学习活动引导学生了解英语剧本特点，梳理情节，分析人物情感与性格特征，探索主题意义，进行角色扮演，具有以下鲜明的特色。

第一，立足学情，搭建支架。考虑到学情实际，教师降低活动难度，引导学生完成剧本学习。导入环节通过马克.吐温的名著小说切入，激发学生的兴趣。随后，通过中文剧本的相关知识过渡到英语剧本，以表格的形式梳理情节，概括故事梗概等，利于学生理解。

第二，关注文本特征，解读剧本。通过知识迁移，让学生理解英文剧本要素。通过问题链，引导学生深度理解文本及主旨。通过语言分析，引导学生推断人物情绪情感、性格特征。通过情感朗读、角色朗读，引导学生体验并展示人物的情感与个性，为后续的剧本表演作铺垫。

第三，语言与意义融合，多维度语言学习。引导学生在分析人物情感与特征的过程中，深度理解故事情节，预测故事走向；在探究金钱的意义、撰写剧本摘要等活动中，反复理解、赏析、内化、运用语言。

第四，聚焦高阶思维培养。引导学生思考两兄弟雇用 Henry 的原因，预测故事走向，分析人物情感、性格特征，探讨金钱意义等，实现提高学生分析、推断、评价等高阶思维的目的。

```
┌─────────────────────────────────────────┐
│                                         │
│         外研版必修一 UNIT 1              │
│                                         │
│       MY FIRST DAY AT SENIOR HIGH       │
│                                         │
│   授课教师：吴聪燕                       │
│   授课对象：海南中学高一学生            │
│   课    型：阅读课                       │
│   时    长：1 课时                       │
│                                         │
└─────────────────────────────────────────┘
```

一、文本解读

1.主题语境：人与自我——生活与学习——个人、家庭、社区及学校生活。

2.语篇类型：应用文——日记。

3.文本分析：本单元的主题为"人与自我"，主要讨论高中起始阶段的日常学习与生活。该文本为主题理解板块的阅读文本，以日记的形式记录了作者高中第一天的生活经历及内心感受。

【What】该语篇以日记的形式记录了主人翁 Meng Hao 作为高中新生第一天的经历及其内心的感受。全文共八个自然段。第一自然段交代了作者即将踏入高中，生动描绘了作者迫不及待进入新学校的心情。第二至七自然段描述的是作者第一天在校园的经历和心理变化。第二自然段叙述了作者与他的英语老师初次见面的情形，但这位老师的身份在第三自然段中才进行了正式介绍。第四至七自然段描述了作者在上第一节英语课时的情形，其中第五、六自然段重点描绘作者的内心感受，第七自然段引述了英语老师对新生的期许和鼓励。作者在最后一段表达了在经历高中第一天新生活后对未来的学习生活充满信心。

【Why】从初中升学转入高中是青少年人生中的一个重要的转折点。该文本通过梳理日记主人翁 Meng Hao 高中第一天的经历及内心感受，引导学生不断提升对新学校的认同感，对新生活的期待感，以逐渐适应高中阶段的生活节奏。

【How】该文本主题是人与自然中的子话题：生活与学习。文章标题为"MY FIRST DAY AT SENIOR HIGH"，高度概括了该文本的主要内容。语篇内容紧密结合学生的现实生活，以日记的形式记录了 Meng Hao 作为高中新生第一天在学校观察和接触到的人和事，以及个人的感受。

全文共八个自然段。按时间顺序可分为"before going to school"（第一自然段），"arriving at school"（第二至三自然段），"during the class"（第四至七自然段）和"after class"（第八自然段）四个阶段。Meng Hao 的内心感受随着时间的推移不断发生变化：从一开始准备上学时的激动，到初到新学校对各种事物的好奇，接着到开始上课时的紧张和害怕，最后通过课堂中老师的引导而对新的学习生活充满了信心。

文本以第一人称为叙事角度，以时间顺序为叙事线索，以过去式为主要叙事时态。文中有大量的直接引语，如第二自然段中作者与英语老师初次见面时的对话："New here?""Yes""I'm wondering what life is going to be like here"；第四到第六段描述第一节英语课堂时的自我介绍"Good morning, everyone...""Hi, I'm Meng Hao"，以及作者的内心独白"I should say my name, of course. But what else?"等。诸如这类的直接引语充分体现了日记的真实性。

作者在描述内心感受时使用了比喻的修辞手法，如"I tried to turn on my brain but the engine just wouldn't start. ...with butterflies in my stomach, I breathed deeply"等表达了内心的紧张和不安；也使用了大量的表示内心感受的词或词块，如 in panic，nervous，embarrassed，relaxed 等。同时作者还通过很多具体的细节动作描述呈现当时的内心感受，如"I woke up early and rushed out of the door..."表现作者第一天上学前激动和充满期待的

感情。

作者在叙事过程中使用了六个感叹号来表达情绪。第一自然段第一句话末就运用了感叹号表达作者对新学校的向往"...my first day at senior high!"第二个感叹号出现在第三自然段的首句"How true these words were!"作者运用感叹句表达了对英语老师观点的认同。第三和第四个感叹句分别出现在第五自然段的首句和尾句。首句"What?!"问号和感叹号的叠加使用表现了作者内心难以置信的情绪,尾句"It's your turn!"从侧面体现了作者当时沉浸在思考中被打断的感受。第五个感叹号出现在第六自然段尾句,"Although I was embarrassed, his words made me a lot more relaxed!"这句话标示着作者情绪从原来的负面情绪转入正面情绪。最后一个感叹号出现在第七自然段,为英语老师的话语"Well done, everyone!"这里感叹号体现了英语老师对同学们第一节课上的表现的充分肯定。

文本通过丰富的内心活动和具体的实际动作描写,以及合理的标点符号运用,生动刻画了 Meng Hao 第一天的校园经历和感受。

二、学情分析

授课班级学生能够比较顺利地在阅读中梳理文本信息,但在分析论证、整合运用、提取阅读文本主线方面容易出现遗漏或混乱,需要在教师的指导帮助下才能完成推理判断类活动。同时,学生在描述与阐释、内化运用上也常出现语言错误,需要教师及时予以纠正。

学生对校园生活这一主题并不陌生,接触过大量有关学校生活的语篇,且该文本的生词不多,句式也不复杂,不会对学生造成太大的理解障碍。不过在对内心情感的描述中用了一些比喻句,如"I tried to turn on my brain but the engine just wouldn't work; with butterflies in my stomach, I breathed deeply."这些间接的情感描写可能会给学生阅读造成一定的困扰。

三、教学目标

通过本节课的学习，学生能够：

1.归纳日记的语篇类型特征，根据语篇表现形式，如题目、插图等快速获取文章主旨大意。（A1感知与注意，A3概括与整合）

2.梳理出 Meng Hao 第一天高中校园生活经历等事实性信息及其内心感受。（A2获取与梳理，A3概括与整合，B2分析与判断）

3.借助文章的结构化知识讲述自己高中第一天的经历。（B1描述与阐释，B2分析与判断，B3内化与运用）

4.结合语篇内容和自己的经历阐释"良好的开端是成功的一半"的意义。（B2分析与判断，C2批判与评价）

四、教学重难点

1.教学重点：

梳理并提取 Meng Hao 第一天校园生活经历等事实性信息及其内心感受，并使用相关语言进行描述。

2.教学难点：

根据提取的主线信息，分享自己高中第一天的相关经历并正确理解"良好的开端是成功的一半"的含义。

五、教学资源

课件，黑板等。

六、教学活动与设计说明

Activity 1 Think & Predict

1.Students share their experience in new school. Tick what contents they want to write in their diary about their first day at senior high on Page 3.

2.Students read the title and illustrations, then guess what the author wrote in the diary about his first day in senior high.

设计说明：让学生分享到新学校第一天的经历，锻炼语言表达能力，引发共鸣。随后，让学生直接勾选在书写高中生活第一天的日记时会记录的内容，再让学生依据题目和插图预测作者的日记内容，为课文学习奠定基础。

Activity 2 Read & Verify

1.Students read the text quickly and check their guesses about the diary.

2.Find out what the author wrote in his diary about his first day at senior high.

3.Choose the best description of Meng Hao's first day at senior high on Page 4.

设计说明：让学生快速浏览文章，核实上一步根据题目和插图对文本的预测是否正确，找出作者在日记中写了他在高中的第一天的哪些内容。在核实预测和浏览的过程中引导学生关注日记类文章的基本特征。

Activity 3 Read & Explore

1.Students read the first paragraph to find out how Meng Hao feels before he goes to his new school and find some verbs to prove Meng Hao's feeling.

2.Students read Paragraph 2-3 to find out how Meng Hao feels before he has the first English class.

3.Students read Paragraph 4-7 to find out how Meng Hao feels during his first English class.

4.Students read the last Paragraph to find out how Meng Hao feels after class.

设计说明：在细读环节，学生首先阅读第一段，找出 Meng Hao 去新学校之前的感受，并找出相应的动词证明 Meng Hao 的感受。教师以问题链的形式帮助学生提取 Meng Hao 在上英语课前、课中和课后的感受。学生在回答问题的同时，明确 Meng Hao 新的校园生活经历和感受，理解日记内容和主人公的情感发展，梳理文章结构，加强对文章的整体把握。

Activity 4 Consolidate & Share

1.Students review and illustrate Meng Hao's first day at senior high according to the outline on board.

2.Practice retelling in groups and try to share the experience of their own about the first day of senior high.

3.Try to illustrate the true meaning of "well begun, half done" according to the experience of Meng Hao and your own.

设计说明：学生基于梳理出来的时间线索和 Meng Hao 的情感变化,明确他进入高中第一天的经历和感受，并分享自己高中入学第一天的经历和感受。在描述的过程中内化语言，以达到情感上的共鸣。同时通过对 "well begun, half done" 含义的讨论，引导学生深度理解文本，培养高阶思维。

Assignment：

Choose either of the following assignments to accomplish.

1.Make a brief description about Meng Hao's first day at senior high.

2.Write a diary about your first day at senior high within 80−100 words in English.

设计说明：学生可根据梳理出的本课主线信息完作业一。作业二要求学生回忆自己第一天踏入高中校园的经历和感受并通过书面文字呈现出来。作业二在作业一的基础上实现语言的迁移和创新。学生可根据自身语言能力水平选择适合自己的作业，对所学知识进行巩固和内化。

七、专家点评

　　该教学设计目标明确，导入自然，课堂活动任务推进流畅，为学生提供了足够的时间进行阅读、分析、思考和讨论，基本达成预定的教学目标。

　　文本主题非常贴近学生的生活，是学生生活的一个重要部分。教师在一开始的导入部分结合学生实际情况谈论自身在新学校的经历和感受，调动学生已有的语言知识储备，为下一步的建构学习新知识做好准备。

　　阅读时，学生能在教师引导下借助文本特征，通过预设的问题层层推进，按照时间顺序梳理出日记主人翁 Meng Hao 高中第一天的经历及内心感受。在教师的指导和感染下，学生不断地习得并使用文本里的语言表述自己的经历和感受。学生的个人活动，小组活动和全班活动时间分配也比较合理。

　　总之，本节课是一堂设计到位、行之有效的阅读教学课。

外研版必修一 UNIT 2

NEITHER PINE NOR APPLE IN PINEAPPLE

授课教师：陈雅　林少君

授课对象：海师附中高一学生

课　　　型：阅读课

时　　　长：2课时

一、文本解读

1.主题语境：人与自我——生活与学习——英语学习。

2.语篇类型：小品文。

3.文本分析：本单元的主题是"探索英语"，文本是主题理解板块的语篇，作者通过列举"pineapple""eggplant""sculpt a sculpture""WHO""IT"等，讲述了英语字词和语言的多样性、创造性。

【What】本文是一篇小品文，课文以幽默、风趣的笔触列举并评价了英语中让学习者迷惑不解的"疯狂"现象，从而反映了英语的趣味性、多样性、创造性和吸引力。

【Why】引导读者深入思考英语的特点，探究主题意义，感受英语语言的幽默、"疯狂"和创意，激发学生对英语学习的兴趣，感受语言的魅力，增强语言学习的动力，树立学好英语、向世界传播中华优秀文化的意识。

【How】作者按"总—分—总"的语篇结构，以幽默风趣的方式列举了英语学习中容易被误解的表达和有趣的语言现象，每段的举例侧重点不同。作者还评价了英语中让学习者迷惑不解的"疯狂"现象，从而反映了英语的趣味性、多样性、创造性和吸引力，能够丰富学生对英语的认知，激发其学习英语的兴趣，加深其对语言现象、语言学习的跨文化理解。本文共有七个自然段。首段是全文的话题引入，作者通过思考孩子提出的hamburger 中没有 ham 的问题，联想到了 eggplant, pineapple 的相似特点，从而感叹英语中让人迷惑不解的"疯狂"的现象。在第二至六自然段，作者分别举例来展示英语中的各种"疯狂"的有趣现象。第二自然段作者列举了动词和名词搭配之奇怪现象（sculpt a sculpture, take a photo 等），介词的多样性（in the car, on the train），合成词（seasick, homesick, homework, housework 等）的意义。第三自然段作者通过举例子（hard-soft, hardly-softly, harmless-harmful, shameless-shameful）来说明构词法和正反义词的有趣现象。第四自然段作者通过"rain-raining""snow-snowing""sunshine"的例子来说明动词变动名词的灵活性。第五自然段作者列举了"WHO""IT""US"作为专有名词，其发音区别于普通名词。第六自然段作者列举了"burn up / down""fill out""goes off"来说明动词词组构成的多样性。第七自然段，作者总结了英语的"疯狂"、趣味性、创造性、多样性特征的原因，即英语不是由计算机制造出来的，而是由人类创造出来的。

二、学情分析

授课班级大部分学生英语水平中等，总体理解能力和学习能力尚可，能准确获取文本中的基本信息，但部分学生获取信息的速度较慢，在推断文本信息和理解文本深层意义方面存在困难。在阅读技能方面，对于略读并抓住文章大意和主题句，明确作者态度和意图，学生感到比较吃力。以3×3英语学科能力要素框架为指导，该班学生的分析判断、整合运用、推理与论证方面的能力不足，具体表现为不能完整提取阅读材料中的逻辑线索，不能对相关信息进行合并及编排，进而内化成自己的语言进行表述。

学生学习英语的兴趣较高，特别是新教材的内容比较新颖，贴近学生的实际生活，活动设计能激发学生的兴趣。但学生对英语学习，特别是词汇学习方面，还是比较有限的，仍停留在记忆词汇和基本运用上。在平时的学习中，学生也较少关注英语的幽默性、创意性、多样性，对构词的认识局限于动词变名词、名词变形容词等基本形式，对词汇的来源、历史和文化的关系所知不多。

三、教学目标

通过本节课的学习，学生能够：

1.根据语篇表现形式，快速获取文章主旨大意。（A1感知与注意，A3概况与整合）

2.通过画思维导图，梳理文章中的有趣信息，归纳总结英语中的一些语言现象，感受英语的创造性和趣味性。（A3获取与梳理，A3概况与整合，B2分析与判断）

3.通过分析语篇句子，归纳语篇类型特征，学习列举的表达方式并运用这些表达方式例举更多的英语语言现象。（B2分析与判断，B3内化与运用）

4、通过采访活动，谈论汉语的奇妙之处，培养文化自信。（C2创造想象，C3批判与评价）

四、教学重难点

1.教学重点：

依据梳理的举例，归纳总结英语的语言规则，体会英语的创造性、趣味性和多样性。

2.教学难点：

深入分析英语"疯狂"背后的原因，了解语言的多变性及其与社会文化的关系，认识到在实际环境中学习语言、运用语言的重要性。

五、教学资源

课件，黑板，学案等。

六、教学活动与设计说明

Activity 1 Guess & Predict

（1）Guessing game：Teacher shows the following English words and expressions and students try to guess the meanings of these words.

pineapple, greenhand, dragonfly, butterfly, pancake, egghead, daybreak, daydream, daywork, eat a horse, think twice ,ect.

2. Making prediction：Students work in groups and tick what they think the passage is about according to the title and the pictures of the passage.

设计说明：导入阶段，通过让学生猜测英语词汇、短语的意思和预测文章主题，初步感知英语语言的趣味性，快速融入本课的主题语境，产生共鸣，为下一步的语篇学习作好铺垫。

Activity 2 Read & Verify

1. Students read the passage quickly to check whether their predictions are right or wrong.

2. Students find out the topic sentence of Paragraph 1 and learn the stories about the origin of the three words：hamburger, eggplant, pineapple.

设计说明：学习理解阶段，学生从宏观上抓住文章的主旨要义，并通过了解"hamburger""eggplant""pineapple"这三个单词的相关故事，意识到英语语言和历史文化的关系，体会它的创造性和多变性。

Activity 3　Read & Draw

1. Students read the passage carefully again and draw a mind map to show "crazy" English.

2. Students work in groups to have a better understanding of the examples by trying to explain them in Chinese.

3. Students work in groups and summarize some rules of English according to the examples.

设计说明：让学生梳理并列出文中所举的例子，然后引导他们主动观察语言现象，比较词汇构成的规律，归纳总结英语语言的特点，认识其创造性和多样性。此外，学生的合作学习能营造轻松的氛围，提高他们参与课堂活动的积极性。

Activity 4　Analyze & Share

1. Students analyze the text and find out how the text is organized.

2. Students work in groups and find out words and expressions that are used to give examples.

3. Students work in groups and give more examples according to the rules they summarized in activity 3 by using the above sentence patterns.

设计说明：让学生分析语篇特征，学习表达列举的词汇和句子，为下一步分享趣味英语作好铺垫。学生通过继续查找更多趣味英语的例子，进一步领会英语的趣味性、创造性和多样性，激发学习英语的兴趣。

Activity 5　Role play

If a new radio program called Amazing Chinese will be launched in your school radio station this weekend. You are invited to voice your opinion of amazing Chinese. Now work in groups with one student as the host, the others as interviewees, and role play an interview.

设计说明：迁移创新阶段，通过角色扮演活动，让学生思考和发现汉语的奇妙之处，达到促进学生学习迁移的目的。同时，使学生意识到不同语言之间的差异，学会尊重并理解不同文化间的差异，学会用英语传播中华文化，增强文化自信。

Assignment:

Students work in groups and design a poster to show amazement of Chinese.

设计说明：将活动五的内容书面化，让学生结合所学，发挥想象力和创造力，创作出自己的作品。这既是对本课主题语境的拓展延伸，也是提升学生创新能力的有效途径。

七、专家点评

该教学设计围绕探究英语的趣味性和创造性，设计了不同层次的教学活动，从猜测英语单词的词义游戏到小组比赛查找更多的趣味英语单词，最后探讨汉语奇妙魅力的采访活动，环环紧扣，层层递进。导入环节以猜测英语单词的词义游戏开始，让学生初步感知英语这门语言的趣味性和创造性。在概括语篇主旨要义和梳理英语趣味的语言现象后，让学生依据归纳的语言规则，比赛查找更多的趣味英语的例子。在学生领会英语的趣味性、创造性和多样性的特点后，借助角色扮演进行采访活动，进一步拓展延伸到探讨汉语的奇妙魅力。教学环节紧凑，重难点突出。

综上，该教学设计逻辑清晰，主线突出，坚持以学生为中心，让学生既学到了知识，又体验到了学习乐趣。

外研版必修一 UNIT 3

LIKE FATHER, LIKE SON

授课教师：蔡慧

授课对象：海南中学高一学生

课　　型：阅读课

时　　长：2 课时

一、文本解读

1.主题语境：人与自我——生活与学习——个人、家庭、社区及学校生活。

2.语篇类型：戏剧。

3.文本分析：本单元的主题为"家庭生活"。本文为主题理解板块的语篇，旨在引导学生重新审视日常与父母之间沟通交流的方式，反思家庭矛盾的成因，正确看待并妥善解决家庭矛盾，树立正确的家庭观。

【What】戏剧主要讲述了一对父子在关于儿子未来的职业规划上产生冲突，爷爷从中调停的故事。整个戏剧可分为三个部分。

第一部分为冲突爆发环节，主要聚焦于父亲和儿子的对话。儿子向父亲坦白自己不打算上大学，要专心追求音乐梦想。父亲反对儿子这么做，认为参与乐队不是一份正经职业，要求他成为一名律师，这样既能帮助别人又受人尊敬，但儿子对律师行业不感兴趣，并情绪激烈地反驳父亲对音乐行业的错误认识。父子二人对律师和音乐人这两份职业的不同看法将故事推向高潮。

第二部分和第三部分为爷爷介入解决冲突环节。第二部分是爷爷介入的第一阶段，主要聚焦于爷爷和父亲的对话。爷爷通过回忆父亲年轻时的类似经历，以及自己当时给父亲的建议，帮助父亲冷静下来重新审视如今与儿子的冲突。第三部分是爷爷介入的第二阶段，主要聚焦于爷爷和孙子的对话，爷爷给孙子提了同样的建议，让他谨慎思考，不要着急做决定。

【Why】家庭关系在青少年成长过程中起着举足轻重的作用，然而，由于生活经验等的不同，父母和孩子常会对同一事物产生不同看法，因而冲突频发。这则戏剧在如何解决家庭冲突方面，对父母和孩子都有启发作用。对父母而言，他们能够学会在面对冲突时，冷静与孩子沟通，给予其充分的探索时间和空间；对孩子而言，他们能够学会在面对冲突时，冷静与父母沟通，听取父母的建议。

【How】本语篇类型为戏剧，内容包含了戏剧的基本要素：舞台说明（setting）、人物（characters）、动作（actions）、对话（dialogues）、情节（plot）。文本配图生动形象，能够反映文章的中心思想。

舞台说明：在戏剧开头处，交代了戏剧发生的时间、地点和背景。

人物：父亲、儿子和爷爷。

动作：共描写了九个动作，这些动作有的推动了情节发展，如"stepping between Father and Son and raising his voice"，有的反映了人物的心理活动,如"raising his voice in surprise"。

对话：整场戏剧对话简短、词汇句式简单，多简单句和并列句。对话多处运用语用知识来制造矛盾。如儿子找父亲坦白时的支吾"Erm…Dad, can we talk?"和父亲的回复"You can't be serious! What about your future career as a lawyer?!"体现了语用预设，即父子双方都清楚，父亲希望儿子当律师，并且父亲认为律师是一份体面职业。而且，对话多处运用了合作原则和礼貌原则。（如下表）

戏剧对话	语用原则	作用
Son: Erm...Dad, can we talk?	违背关系准则（合作原则）	答非所问，句首又有语气词，暗示冲突即将发生
Father: Stop daydreaming! Playing in a band is not a job.	违背赞同准则（合作原则）	父亲对儿子决定的强烈反对
Son: Of course it is! The music industry is developing fast now. Making music is a job.	违背赞同准则（合作原则）	儿子对父亲看法的强烈不认可，将戏剧冲突推向高潮
Grandfather: Easy, son! I remember when you were his age... Grandfather: I just wanted you to be happy, and... Grandfather: Yes, and you have found the career...	违背数量准则（合作原则）	回忆父亲往事时，爷爷没有直接说出他的建议，而是一步步引导父亲一起回忆，帮助父亲冷静下来，并意识到事情并非那么严重，没有其他解决方法
Grandfather: ... I'm so proud of you. Your son is proud of you, too.	遵守赞扬准则（礼貌原则）	赞扬父亲，使其更易接受爷爷接下来提的建议
Grandfather: ... you will have two options for your future. And I'm sure playing in a band will help you make lots of new friends.	遵守策略准则（礼貌原则）	点出这么做的好处，使得孙子更容易接受建议

情节：情节整体可分为三部分，即矛盾爆发、爷爷介入回忆父亲的往事、爷爷介入与孙子交流，结尾没有直接点明矛盾是否完全解决，留有一定悬念，综合全文分析可知，题目"LIKE FATHER, LIKE SON"既是矛盾之因，也是解决矛盾之道。

二、学情分析

授课班级学生英语水平较高，学习态度认真，整体上能接受全英文授课。以3×3英语学科能力要素框架为指导，该班学生总体而言，学习理解能力突出，但概括与整合能力稍弱，具体表现为大部分学生在提取信息后，无法用自己的语言概括并进一步整合相关联的信息，因此，在形成结构化知识方面，教师还需要对学生进行进一步的指导。此外，学生分析与判断、推理与论证、批判与评价能力也较薄弱，具体表现为无法根据语言材料分析和判断事件间的逻辑联系，无法通过整合语言材料中的线索、逻辑、因果关系等推导未知内容，无法从不同角度举例论证个人观点。

以后从事何种职业是学生生活中常会讨论的话题，学生对此话题有兴趣，对如何与父母就自己的职业意向达成一致更感兴趣。就语篇类型而言，学生接触戏剧语篇较少，对此体裁不够熟悉，难以关注到戏剧是如何利用对话一步步呈现矛盾冲突的，但该语篇词汇、句式简单，学生不难理解其大意，适合作深层次阅读材料。

三、教学目标

通过本节课的学习，学生能够：

1.识别戏剧的要素及其作用。（A2获取与梳理）

2.梳理出戏剧中的矛盾成因和解决之道，分析部分戏剧对话的作用，阐释题目意思。（A2获取与梳理，A3概括与整合，B1描述与阐释，B2分析与判断）

3.正确评价爷爷的建议，合理续写结局，并表演整个戏剧。（B2分析与判断，B3内化与运用，C2批判与评价）

4.总结解决家庭冲突之道，并借用戏剧表演将其运用于解决个人家庭冲突中。（C1推理与论证，C3想象与创造）

四、教学重难点

1.教学重点：

依据文本，梳理出戏剧中的矛盾成因和解决之道，深入分析戏剧对话对情节发展的推动作用，阐释题目的含义。

2.教学难点：

总结解决家庭冲突之道，并借用戏剧表演将其运用于解决个人的家庭冲突中。

五、教学资源

课件，黑板等。

六、教学活动与设计说明

Activity 1 Discuss and act

Students discuss the following questions and act the play out.

（1）Have you ever had any conflicts or disagreements with your parents?

（2）When these happened, how did you talk with each other?

设计说明：要求学生回忆与父母发生冲突时自己是如何与父母沟通的，并让学生将这个场景表演出来，一方面导入情境、预热话题，另一方面调动学生的积极性，使其主动参与到学习中去，为后面的戏剧表演做准备。

Activity 2 Predict

Students look at the title and the picture in the text, predicting what the text talks about with the following questios.

（1）What is the meaning of the title?

（2）Who are they in the picture?

（3）How do they feel?

（4）What is happening?

设计说明：要求学生根据题目和插图预测语篇内容，引起学生对语篇的好奇，激发其阅读兴趣，学生在做预测时，教师可提问以上四个问题，辅助学生思考。

Activity 3 Check predictions

Students read fast, check their predictions, and find out the conflict.

设计说明：要求学生通过速读，核对预测，训练学生速读能力，同时通过速读理清文章大意，找出文中的冲突点。

Activity 4 Understand the genre

Students read and find out how the text different from texts we have learnt in previous units, and figure out the elements and their functions of a play.

设计说明：本活动旨在引导学生关注戏剧和其他文本的不同之处，分析戏剧包含的基本要素，以及各要素的作用。

Activity 5 Analyse the text

1.Students read again and finish the task below.

（1）Why does "being a lawyer or musician" become a conflict? Read and underline the reasons.

2.Students analyse what attitudes of the speakers are shown in the dialogues.

Son：Erm... Dad, can we talk?

Father：You can't be serious! What about your future as a lawyer?!

Father：Stop daydreaming! Playing in a band is not a job.

Son：Of course it is! The music industry is developing fast now. Making music is a job.

3.Students read again and complete the table to tell how the conflict is solved.

Who	
Steps	

4.Students read Grandfather's dialogues and analyze how he talked when solving the conflict. Teacher can raise these questions to assist their thinking.

（1）Why doesn't Grandfather directly tell the whole story?

（2）Why does Grandfather say "I'm so proud of you. Your son is proud of you, too".

（3）Why does Grandfather say "you will have two options for your future. And I'm sure playing in a band will help you make lots of new friends".

设计说明：上述两个活动旨在引导学生梳理文本关键信息，找出矛盾成因，及解决矛盾的方法。同时，使学生认识到深入分析对话在推动情节发展中具有重要作用，认识语用在交流中的重要性。

Activity 6　Discuss

Students discuss the questions below.

（1）What's father's similar experience?

（2）Why does grandfather advise his grandson to "think carefully"?

（3）What does the title mean?

设计说明：本活动旨在引导学生深入思考和讨论爷爷解决矛盾过程中的两个重要步骤，引导爸爸回忆相似的经历和建议孙子谨慎思考。在此基础上，学生可以更好地理解题目含义。

Activity 7　Act

1.Students work in groups and discuss the following questions.

（1）Is Grandfather's advice a good one? Why or why not?

（2）Does "Son" accept the advice or not.

2.Students work in groups to finish the ending and perform the whole play.

设计说明：引导学生认识文本中心思想，即在与父母发生冲突时不要急着争论或作结论，要冷静沟通，听取建议。同时，对结局进行合理推测，提升推理与论证能力。

Activity 8 Discuss

Students discuss the question below.

How should we deal with conflicts or disagreement with parents?

设计说明：本活动旨在引导学生分析概括主题意义，同时也鼓励他们提出更多解决冲突之道，帮助他们重新认识和解决与父母的矛盾。

Activity 9 Act

Students work with a partner to think about a conflict and use the tips just summarised to help solve the conflict. And then act out how they solve the conflict.

设计说明：本活动旨在引导学生重新思考和审视与父母间的冲突，并用现在形成的新认知，探寻有效的冲突解决之道。同时呼应导入部分的活动，课堂首尾呼应，形成闭环。

Assignment：

Develop what you just performed into a proper play.

设计说明：本活动旨在创设情境帮助学生进一步内化所学。学生在写剧本时，既需要重新回顾课上分析的戏剧基本要素和语言风格特征，也需要再次回忆文章所传递的解决家庭矛盾之道。

七、专家点评

本教学设计基于学情和语篇特点，依据英语学习活动观的理念，通过"读—品—演"等学习活动，引导学生以小组合作的形式开展了学习理解、实践应用，并联系自身实际，完成迁移创新的学习过程。

本课通过"读"实现了理解文本大意，掌握文体特征，梳理出矛盾成因和解决之道的目标。一"读"标题、插图，学生通过读标题，读插图，预测语篇内容，激起阅读兴趣。二"速读"语篇，引导学生关注戏剧和其他文本的不同之处，分析戏剧包含的基本要素，以及各要素的作用。三"详读"语篇，梳理并构建父子冲突的成因及解决之法的思维导图。

　　"品"为本教学设计的另一特色。通过让学生深入分析戏剧对话对情节发展的推动作用，品读对话中的词句，理解对话背后隐含的语用知识和深层含义，依据话语推断人物的态度、意图，从而掌握人际交往，特别是交谈时应注意的一些原则。

　　"演"为本教学设计的最大亮点，"演自己""演文本""演别人"由始至终贯穿整个教学过程。"演"自己，从活动一开始，要求学生回忆并表演自己与父母发生冲突时如何应对。通过让学生"演自己"一方面导入情境、预热话题，另一方面调动学生的肢体参与到学习中，帮助学生减轻害羞、畏惧等情绪，为后面的戏剧表演作铺垫。在学生完成了文本的理解后，活动七通过续写结局，让学生进行文本表演，通过"演文本"深入挖掘文本内涵，体会人物的矛盾、冲突心理，在对课文进行分析、整合后表演，从而培养高阶思维。活动九让学生"演别人"，实现将所学的新认识迁移到新的语境中，引导学生重新思考和审视与父母间的冲突。"三演"使得课堂首尾呼应，形成闭环，并实现了知识的迁移与创新。

　　通过读品演三种不同层次的课堂活动，学生不仅了解了戏剧文学体裁的基本特点，品读了戏剧对话中的话语隐含的深层含义，还在新的语境中运用所学知识分析问题、解决问题，从而形成正确看待家庭矛盾的观点，并学会寻找解决家庭矛盾的恰当方法，体现了以学生为主体的教学理念。

外研版必修一 UNIT 4

CLICKS FOR FRIEND?

授课教师：刘碧珠　何琦

授课对象：定安中学高一学生

课　　型：阅读课

时　　长：2课时

一、文本解读

1.主题语境：人与社会——社会服务与人际沟通——良好的人际关系与社会交往。

2.语篇类型：论说文。

3.文本分析：本单元的主题内容为"良好的人际关系与社会交往"。本文为主题理解板块的语篇，涉及"网络交友"的话题，旨在引导学生探究交友方式的改变和网络交友的利弊，树立正确的价值观和交友观，在生活中做到珍惜友谊、正确交友，从而学会做人做事。

【What】本文讨论了交友方式发生的变化及网络交友的利弊，并在文章最后说明了作者对待网络交友的态度。

【Why】通过讨论交友和沟通方式的改变及网络交友的利弊，作者希望读者能正确评判网络与社交媒体环境下人们的交友观念，客观认识网络交友的利弊，反思自身的交友方式，表达自己对于友谊的理解，从而形成正确的人生观与交友观。

【How】本文为议论文，标题"CLICKS FOR FRIEND?"采用问句的形式，引发读者思考。另外，click 一词既形象生动，又能代表"使用网络"的意思。所以，该标题既能表意、又很吸睛，设计巧妙。

文章围绕"网络交友"这一主题，从科技进步让交友方式发生巨大变化，网络交友的利弊两个方面论述。全文共八个自然段。第一段作为全文的引子，概括说明科技进步让结交朋友、与朋友沟通发生了很大变化。第二段讲述了如今只要有了无线网络，我们通过社交媒体就能知晓朋友的动向并增进彼此间的友谊。第三段通过举例，说明数字时代通过网络我们可以找到志趣相投的朋友。第四段和第五段是过渡段。第四段提出疑问——网络上结交的朋友真的是你的朋友吗？第五段回答了第四段提出的问题，并指出网络上结交的朋友是否是真朋友，要视情况而定。第六段和第七段阐述了如果在网络上充分交换个人的真实信息，那么这种友谊是真实且有意义的。但是，在社交网络上，人们往往只会发布一些正面的信息，选择掩盖了很多负面的真实信息。第八段作为总结段，陈述总结了作者对于网络交友的态度，也让读者思考对于网络交友应该秉持什么样的态度。

全文结构清晰，每一段的首句或尾句都是该段落的中心句、支撑句，通过实例或具体细节来论说主题。全文均使用一般现在时，表示论述的是客观事实。

文中使用的几个问句，均能很好地引发读者的思考。首段开篇的两个问句，"How would you feel if...?" "What if...?"能引发读者回顾思考过去与朋友保持联络的方式。在论述完网络给交友带来的好处后，第四段中的"...does this mean...?"这一问句，话锋一转，引发读者反思网络上结交的朋友是否是真正意义上的朋友。

当谈及网络交友的两个好处时，作者在第二段使用"...we can..."句型，在第三段中用了"...also enables us to..."句型。语篇标识语"also"的使用，表示增补信息，使读者能迅速厘清文章的结构及作者的观点。

文中几处还用了俗语、俚语及名人引言。作者通过"Remember the saying: on the Internet, nobody knows you're a dog."幽默风趣地告知读者，网友的身份真假难辨。俚语"But it doesn't mean that we should throw the baby out with the bathwater."形象生动，读者在会心一笑的同时，能较容易领悟作者的观点态度，那就是对于网络交友，我们不能因噎废食，要理智对待。名人名言的使用，如 "Aristotle once said, no one would choose to live without friends..."使得作者的观点更具有说服力，让读者明白，虽然科技改变了人们的交友方式，但是人们对于友情的渴望是永远不变的。

第七段中 "A young man could be..." "a woman could be..." "we could even be sharing..."三个排比句铿锵有力地论述了网络上网友身份的不确定性，网络交友存在一定的风险，很好地呼应了该段的主题句。

文中大量关于交友、保持联络的主题词块，如 "lose track of" "make friends" "stay in touch with" "remain friends" "maintain friendships" "find people who share our interests" "connect us with" "longing for friends"等，能很好地帮助读者构建话题词汇网。

二、学情分析

授课班级的大部分学生英语水平中等，学习态度端正，对英语比较感兴趣。少部分学生英语基础较为薄弱，词汇量少，阅读时需要借助词典查找单词意思，对于长难句的理解有困难。以3×3英语学科能力要素框架为指导，大部分学生已基本具备在阅读中提取、概括信息的能力，能用英语自信地表达观点，但在整合信息、形成结构化知识方面，还需要教师的引导，描述与阐释、推理与论证的能力还需进一步提高。

"交友"这个话题与学生的生活密切相关，学生对这一话题非常熟悉且感兴趣。而对"网络交友"这一话题，学生虽然也有一些思考，但思考深度不够，还无法全面辩证地把握网络交友的利与弊。本文词汇、句式简单，学生能够理解大意，教师要适时引导学生对文章进行深入分析，探讨主题意义。

三、教学目标

通过本节课的学习，学生能够：

1.通过比较，整体感知和理解新旧交友方式的变化。（A1感知与注意，A2获取与梳理）

2.获取并梳理关于网络交友的信息，制作有关网络交友利弊的知识结构图；依据结构图，谈论网络交友的利弊。（A2获取与梳理，A3概括与整合，B1描述与阐释，B3内化与运用）

3.探究作者的写作意图及其对于网络交友所持有的观点态度；分析评价文本的语言特征、修辞手法等。（B2分析与判断，C1推理与论证，C2批判与评价）

4.对于网络交友，表达个人的观点与立场。（B1描述与阐释，C3想象与创造）

四、教学重难点

1.教学重点：

引导学生理解新旧交友方式的变化，梳理关于网络交友的信息，制作有关网络交友利弊的知识结构图，并依据结构图谈论网络交友的利弊，探究作者的写作意图和观点态度。

2.教学难点：

引导学生就网络交友，表达自己的观点并阐明立场。

五、教学资源

课件，黑板等。

六、教学活动与设计说明

Activity 1 Lead in

1.Establish a scene as following: A forum on " Health Internet, Civilized Internet" for middle school students will be held in Haikou, and one topic is "Making friends online". Students are welcome to voice their opinions.

2.Students discuss the following questions about making friends in groups and share their ideas in the class.

（1）How do you prefer to make friends?

（2）How do you prefer to communicate with friends?

（3）How do you prefer to stay in touch with friends?

设计说明：创设情境——海口市将要举办主题为"健康上网，文明上网"的中学生论坛，"网络交友"是论坛的一个论题，欢迎每一位中学生参与并发表个人观点。接着，要求学生分享自己的交友方式，与朋友的交流沟通方式，引入情境，链接生活，预热话题。

Activity 2 Predict and verify

1.Students read the title and the pictures of the text to predict what the text talks about. Then students skim the text to verify their predictions, and express their understandings of the title.

2.Students read the text again and find out the topic sentence of each paragraph. Based on the topic sentence of each paragraph, students identify the main idea of the passage and understand the author's purpose on writing the passage.

设计说明：通过预测、核对、分析文章题目，找段落主题句等活动引导学生梳理文本主要内容，厘清文章结构，探究文章大意，领会作者的写作意图。

Activity 3 Compare

Students read Paragraph 1–3 and compare ways of making friends in the past and at present.

设计说明：学生阅读第1—3段，梳理有关过去与现在的交友方式和沟通方式并比较二者之间的不同，培养概括、比较、分析信息的能力，关注话题词汇。

Activity 4 Draw a mind map

1.Students read the text again and draw a mind map on the advantages and disadvantages of making friends online.

2.Students practice introducing the advantages and disadvantages of making friends online by themselves and then practice in groups.

3.One students is invited to share his or her mind map with the whole class. Other students add details if necessary.

4.Teacher make comments on students' retelling.

设计说明：学生通过绘制思维导图，获取、梳理与整合文中有关网络交友利与弊的信息，构建结构化主题知识。通过"self talk""group talk"，以及全班分享的方式完善与内化有关"make friends online"的结构化知识。接着，引导学生关注话题词汇和语篇标识语，更好地建构话题词汇网并厘清文章结构及明确作者观点。

Activity 5 Explore the author's attitude

Students read Paragraph 8 and explore the author's attitude towards making friends online with the following question.

（1）How do you understand the sentence" But it doesn't mean that we should throw the baby out with the bathwater"?

（2）What is the author's attitude towards friendship and making friends online?

设计说明：本活动旨在引导学生深度理解文章长难句，探究作者对网络交友的观点态度，并且立足文本进行论证，培养严谨的逻辑思维能力。

Activity 6 Appreciate the language of the text

Teacher guides students to appreciate the language of the text and analyze the title of the passage by asking the questions as following.

（1）Which sentences impressed you most? Why?

（2）Why does the author ask the two questions at the beginning of the text?

（3）How do you understand the sentence "Remember the saying: on the Internet, nobody knows you're a dog"?

（4）What is the function of the use of parallel sentences in Paragraph 7?

（5）What do you think of the title? Is it good or not? Why?

设计说明：教师以问题链的形式引领学生层层深入赏析文本的语言特点、修辞手法和标题的含义，逐步培养语篇意识并提高写作技巧。

Activity 7 Voice your opinion

Students prepare a mini-presentation about their opionions on "Making friends online" for the forum.

设计说明：本活动呼应课堂开始的情境，旨在引发学生对深层次问题的思考，链接个人体验，展示分享个人关于网络交友的观点、态度和立场，培养高级思维能力。

Assignment:

Students need to write down their opinions on making friends online.

设计说明：帮助学生巩固所学，将本堂课的思维生成和学习到的语言表达落实到写作上，深化对主题知识的理解。

七、专家点评

该教学设计依据课程标准，基于学习活动观的基本理念，紧扣文本，从学科核心素养的维度设定本课时的教学目标，学习活动循序渐进、层层深入，不仅有目标语言、语言技能和学习策略的培养与内化，还有思维品质和学习能力的培养，更有课堂育人、价值引领的培养与落实。

在课堂的导入环节，教师根据学生的现有认知水平，结合"网络交友"这一话题，创设教学情境，通过层层递进的教学活动，使学生在接近真实的语境中，表达个人观点。

在阅读活动中，教师首先引导学生预测、核对、分析文章题目，找出中心句，然后梳理交友及沟通方式的不同，绘制思维导图，培养学生梳理概括信息、比较及分析的能力，完成对于"网络交友"话题的知识构建。接着引导学生立足文本探究作者的写作意图，培养严谨的逻辑思维能力。此外，教师还注重引导学生关注并使用话题词汇，帮助学生构建话题词汇网，深化对主题的理解。最后，回到课堂之初设置的教学情境，给学生提供平台和机会，让学生思考、发表个人对网络交友的观点，帮助学生实现语言知识的内化，培养高阶思维。

外研版必修一 UNIT 5

THE MONARCH'S JOURNEY

授课教师：谭美丽

授课对象：海口琼山华侨中学高一学生

课　　型：阅读课

时　　长：2课时

一、文本解读

1.主题语境：人与自然——环境保护——人与环境、人与动植物。

2.语篇类型：科普类说明文。

3.文本分析：本单元的主题为"人与动物的关系"。本文为主题理解板块的语篇，旨在引导学生探究黑脉金斑蝶的习性与迁徙，以及人类活动对其迁徙的影响，感知人与动物的和谐相处，形成关爱动物、保护生态的正确价值观。

【What】以科学家的观察和研究为依据，本文介绍了黑脉金斑蝶迁徙的具体信息，如迁徙的时间、方向和路程，说明其迁徙是一场长且艰难的旅途，而且人类活动对于黑脉金斑蝶迁徙有巨大影响。同时，介绍了人类对黑脉金斑蝶保护意识有所提高及其采取的具体保护措施。

【Why】本文通过介绍黑脉金斑蝶迁徙的细节信息，探究人类活动对其影响，引导学生深入思考人与动物的关系，形成关爱动物、保护生态的正确价值观。

【How】本文为科普说明文，标题"THE MONARCH'S JOURNEY"点

出说明对象。文本围绕该说明对象，第一段直接导入黑脉金斑蝶迁徙是"one of the most wonderful"，第二至四段围绕迁徙展开说明迁徙的旅程（第二段），迁徙的行为能力（第三段），迁徙的人为原因（第四段）。第五段总结人对动物的关注有利于动物的生存。全文结构清晰，第一段末句为该段落的中心句，其他段落的首句都是该段落的中心句。第二段末句"however"转折处很好地衔接了第三段的内容，聚焦探索黑脉金斑蝶如何能克服迁徙旅程中的困难。文章谈及无人了解黑脉金斑蝶迁徙的事实时使用了一般过去时；谈到科学家的发现时使用了现在完成时，强调结果；其余地方谈及黑脉金斑蝶均使用一般现在时，表示客观事实。

第一段开门见山直接阐述"migration"的定义，为"animals move from one place to another place at certain times of the year"，谈到动物迁徙的一般原因时使用了"find food""seek a partner""in search of warm weather"等话题词汇。其中"find""seek""in search of"是同义表达，体现了文本语言的丰富。"One of the most wonderful"自然衔接到语篇说明对象黑脉金斑蝶的迁徙；"the most wonderful"引起读者的阅读兴趣。

第二段使用了"every autumn""millions of"突出其迁徙的规模；"fine black and the orange wings"说明黑脉金斑蝶的外形；"long and difficult"概括了黑脉金斑蝶迁徙历程的艰辛；"4000 kilometres"介绍了黑脉金斑蝶的旅程；"south"和"to California or Mexico"说明黑脉金斑蝶的迁徙方向。段末用转折连词"however"引出有关黑脉金斑蝶如何完成迁徙的过程，符合读者的认知习惯，能引起读者的阅读兴趣。

第三段作者使用了两个where引导的定语从句解说黑脉金斑蝶如何用眼睛测量太阳的位置，识别时间和方向，从而飞翔去往迁徙地。

第四段谈及科学家们探究黑脉金斑蝶惊人能力的奥秘的背景，即它们正处于水深火热之中，使用了定语从句"...at a time when it is in serious trouble"。谈及其数量减少的主要原因时，使用了"are destroying the natural environment""cut down trees and use chemical"等话题词块。

文章结尾聚焦黑脉金斑蝶行为研究的益处，引发读者思考人与动物的关系，多了解动物的习性，多关注动物的生存动态，形成保护动物、与动物和谐相处的意识。

二、学情分析

授课班级学生学习英语的态度认真，但英语水平两极分化明显，少数学生能用英语自信地表达观点，部分学生英语基础差，无法自信准确地进行口头表达。一些学生已基本具备在阅读中获取细节信息的能力，多数学生在整合信息、形成结构化知识方面有所欠缺，需要示范指导。大部分学生的描述与阐释、分析与判断能力还需进一步提高。

学生在说明文语篇阅读理解上有了一定的积累，可以根据标题和各段首句提取或概括语篇和各段的主旨。学生对于动物迁徙话题有一定的了解，但不熟悉有关语篇主要说明对象美国黑脉金斑蝶的迁徙的具体信息，比如它们迁徙的原因和过程等。文本中定语从句较多，其中多是由关系副词引导，对学生理解语篇产生一定的影响。

三、教学目标

通过本节课的学习，学生能够：

1.运用略读、寻读、预测等阅读技巧，梳理文章结构，获取黑脉金斑迁徙的事实性信息，绘制黑脉金斑蝶迁徙的信息结构图。（A1感知与注意，A2获取与梳理，A3概括与整合）

2.分析黑脉金斑蝶迁徙背后的原因，发表自己的看法，提出更多保护措施。（B1描述与阐释，B2分析与判断，C2批判与评价）

3.依据本课所学，介绍黑脉金斑蝶迁徙的相关知识。（B3内化与运用，C3想象与创造）

四、教学重难点

1.教学重点：

梳理黑脉金斑蝶迁徙的具体信息，绘制有关黑脉金斑蝶迁徙的知识结构图，介绍黑脉金斑蝶迁徙的相关知识。

2.教学难点：

分析人类活动对黑脉金斑蝶迁徙的影响。

五、教学资源

课件，黑板等。

六、教学活动与设计说明

Activity 1 Watch and Share

1.Students watch a video of Yunnan elephant migration and share information on its migration in pairs with pictures of its migration route and key words about its migration provided in the below questions.

（1）What are the animals?

（2）What are they doing?

（3）When and where did they start their journey?

（4）Why did they migrate?

2.Students give their own ideas of animal migration.

设计说明：让学生观看云南大象迁徙新闻报道视频，观察云南大象迁徙的相关图片，然后与同伴分享大象迁徙的基本信息，谈谈他们熟悉的动物迁徙的信息，如迁徙的原因、路径、时间等。此活动旨在激活学生主题图式，丰富主题背景知识，感知与注意主题，提前熟悉话题词汇，做好语言准备，为接下来的语篇内容学习奠定基础。

Activity 2 Read and predict

1.Students read the title and the pictures of the text and predict its main idea with the questions below.

（1）What is the text about?

（2）Where is the text possibly found? Why?

2.Students read the first and third paragraph to check whether their predictions are correct.

设计说明：学生通过观察图片、预测标题大意以及运用查读策略，识别文章主题，获取语篇大意，关注语篇类型和语篇特征。

Activity 3 Read, discuss and draw a mind map

1.Students read the text, work in group of four to discuss what information about Monarch's journey are mentioned in each paragraph, then write down the key words of each paragraph to form the text structure .

2.Teacher presents the ways to draw a mind map as the following.

（1）Read the first paragraph and underline the key words or chunk.

（2）Summarize the main idea of the paragraph.

（3）Classify information that key words described.

（4）Draw a mind map.

3.Students work together in groups of five to complete mind map of the text. Each group members need to read one paragraph and complete the mind map of each paragraph, and later combine each work together to form a whole mind map.

设计说明：教师通过第一自然段思维导图绘制的示范，解析思维导图绘制的过程，指导学生细读每个段落，勾出动词、名词、形容词、副词等关键词，提炼各段的话题词汇，提取梳理每段核心信息，形成完整的黑脉金斑蝶迁徙的结构化信息。学生小组合作，先通读全文，概括各段大意，把握文章的整体框架；然后细读各段，提取细节信息，合作绘制语篇信息结构图，形成形象化、可视化、条理化、清晰化的黑脉金斑蝶迁徙的结构化知识。在绘制过程中，既训练了学生梳理、分析、归纳、整合等能力，也发展了创造力、逻辑思维能力和合作能力。

Activity 4 Show and present mind maps

1.Two or three group leaders are invited to show and present their mind maps.

2.Classmates and teacher give comments or feedback.

3.Teacher asks students some questions below to check their understanding and guide them to appreciate the expressions which are related to the topic of the text.

（1）What adjectives are used to describe the Monarch's journey? Why does the author say so?

（2）Why do animals migrate? What is the similarity in these three words：find, seek and in search of?

（3）Since we know that the journey is long and difficult, how can they make it?

3.Students read the mind map drawn by teacher below and give comments.

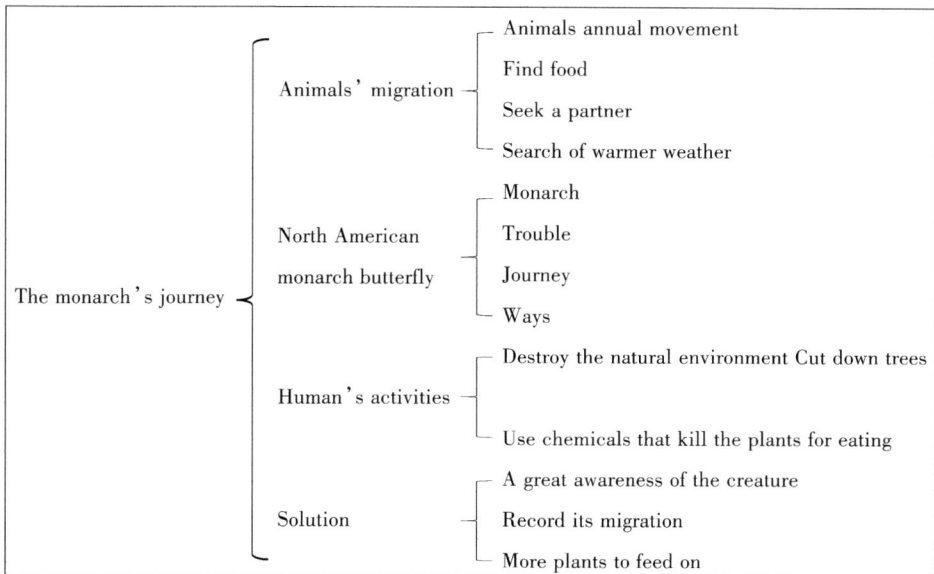

The monarch's journey	Animals' migration	Animals annual movement
		Find food
		Seek a partner
		Search of warmer weather
	North American monarch butterfly	Monarch
		Trouble
		Journey
		Ways
	Human's activities	Destroy the natural environment Cut down trees
		Use chemicals that kill the plants for eating
	Solution	A great awareness of the creature
		Record its migration
		More plants to feed on

●○○○基于"润心英语"教学主张的高中英语教学设计

设计说明：小组代表口头描述组内合作绘制的思维导图，之后浏览教师的导图分享评论。这一活动旨在使学生通过完整阐述语篇中黑脉金斑蝶迁徙的相关信息，熟悉语篇内容和思维逻辑，深度理解文本，提升口头语言表达能力和英语素养。学生展示后，老师基于学生的导图展示进行反馈，并以问题引导学生关注每一段落的核心内容，识别语篇为传达意义而选用的话题词块、同义表达和语法结构。另外，对比解读师生的思维导图，丰富文本解读的思路，使师生都能拓宽视野，汲取更多灵感。

Activity 5 Think and discuss

Students work in groups of four to think and discuss the three questions below.

(1)Can human activities influence monarch butterflies' migration? How?

(2)What are more measures should be taken to protect monarch butterflies?

(3)Why do the scientists make the research?

设计说明：学生小组合作讨论人类哪些活动会影响黑脉金斑蝶迁徙，引导学生关注人类活动对于动物迁徙的影响，针对性地提出更多保护黑脉金斑蝶的办法，提升逻辑思维能力。

Activity 6 Give a speech

Suppose there would be an exhibition about butterflies in the Hainan Tropical Wildlife Garden next Saturday, and visitors from different countries would come to attend it. Suppose you were the volunteer instructor for the monarch butterflies. In order to make visitors have a better understanding of monarch butterflies and arouse awareness to protect them, you need to make a speech to introduce them, such as what they look like, its migration journey, the troubles they face and ways to protect them,ect.

设计说明：创设情境，引导学生运用阅读课所学的知识，在蝴蝶展上做一个介绍黑脉金斑蝶的演讲。

· 184 ·

Assignment：

Students need to surf the Internet for related videos, pictures and reports on information about some other animals' migration that they are interested in and write a composition about it, then introduce it in class.

设计说明：学生通过上网查询搜索其他他们感兴趣的动物的迁徙信息，以书面文字的形式呈现出来，并在课堂上分享。本活动旨在调动学生的积极性，巩固与迁移课堂所学，培养自学能力；引导他们关注身边的环境、动物，持续探索动物世界的奥秘。

七、专家点评

该教学设计立足学情分析，设计一系列的英语学习活动，如以学生熟悉的云南大象迁徙话题导入，为新的语篇学习熟悉了话题词汇，极大地激发学生的兴趣。另外，教师以课文第一自然段为例示范思维导图绘制的思维过程，引导学生逐步解读语篇内容、提炼信息、整合信息，而后组织学生合作绘制思维导图，让学生在实践过程中习得内化思维导图绘制的方法，走进语篇，解读语篇，提炼整合信息。

该教学设计抓取语篇的主题——黑脉金斑蝶迁徙相关的核心信息，如迁徙的定义、时间、方向、背后的人为原因等，围绕核心信息之间的逻辑，开展环环相扣的英语学习活动。

本课的语言学习在各个学习活动中自然而然地完成，且复现率很高，每个活动就是学生使用与练习语言的机会。导入时，学生分享激活话题；绘制思维导图的过程中，梳理信息并提取关键性的话题词汇；师生追问答疑过程中，强化话题词汇和定语从句结构；演讲中再次内化语言，一步步提高学生使用语言的准确度。

外研版必修一 UNIT 6

LONGJI RICE TERRACES

授课教师：谢晓红
授课对象：定安中学高一学生
课　　型：阅读课
时　　长：2 课时

一、文本解读

1.主题语境：人与自然——环境保护——人类与自然和谐共处。

2.语篇类型：说明文。

3.文本分析：本单元的主题为"人类与自然和谐共处"。本文为主题理解板块的语篇，旨在引导学生了解人类对自然的合理利用与改造，体会当地人与自然的和谐相处，熟悉当地人的环保观念，利用所学创造性地探究主题意义。

【What】文本介绍了广西桂林市的龙脊梯田，具体描绘了龙脊梯田在不同季节的美景，讲述了龙脊梯田的建造历史、建造原因和运行原理。

【Why】作者通过介绍龙脊梯田，帮助学生学习了解人类对自然的合理利用与改造，体会当地人与自然的和谐相处，领悟人与自然和谐共处、天人合一的中国传统价值观。

【How】全文总共五个自然段，采用了"总—分—总"的结构。第一段介绍了龙脊梯田在不同季节的美景。第二段讲述了当地少数民族建造梯田的历史。第三段说明了建造梯田的原因。第四段阐述了梯田的运作原理。

第五段论述了梯田的意义。

本文除了第一段的主题句是段尾句，其他段的主题句均是该段的第一句。文章以一般过去时讲述了当地少数民族建造梯田的历史和建造梯田的原因，用一般现在时来介绍了梯田的运作原理和意义。

文章多处使用了"介词+ whom/which"引导的定语从句来描述龙脊梯田的自然美景以及人与自然的和谐相处，如"These terraces were built by the local Zhuang and Yao people, to whom Guangxi is home."等。而形容词和副词的使用，极大地丰富了文本的语言，如用"silver""bright green""gold""white"来描述梯田四季色彩的变化；用"tall""bottom""steep""shallow""perfect"来描述梯田的地理特征。

二、学情分析

授课班级学生具备一定的英语基础知识和语言运用能力，部分学生对自然科学感兴趣。全班学生的英语水平有高有低，整体偏弱，但学习态度认真，学习习惯良好，对于课前要求预习的内容，都能够很好地完成。大部分同学积极活跃，乐于尝试和探索，善于思考和分析，但是极少数同学由于英语基础薄弱，对英语阅读缺乏兴趣和自信心。

学生对本课的单词、梯田的相关知识有一定的了解，也初步掌握了概括文章主旨大意的阅读技巧，能将文本中明显的主题句和主题段找出来，但用自己的语言概括主旨大意的能力还有待提高。

三、教学目标

通过本节课的学习，学生能够：

1.通过看图和标题预测文本内容，提出假设问题并尝试通过阅读找出问题的答案。（A1感知与注意，A2获取与梳理）

2.通过阅读文章，理解文章大意，分析作者的写作意图。（A2获取与

梳理，B2分析与判断）

3.了解龙脊梯田的建造背景、建造原因和运作原理，并恰当地运用所学介绍龙脊梯田。（A2获取与梳理，A3概括与整合，B2分析与判断）

4.基于所学，发表一篇演讲，举例说明人类应该怎样与自然和谐共处，从而加深对语篇和单元主题的认知,理解人与自然和谐相处的重要性。（C3想象与创造）

四、教学重难点

1.教学重点：

通过阅读文章，理解文章大意，分析作者的写作意图。了解龙脊梯田的建造背景、建造原因和运作原理，并恰当地运用所学介绍龙脊梯田。

2.教学难点：

基于所学，发表一篇演讲，举例说明人类应该怎样与自然和谐共处。

五、教学资源

课件，图片，音频，影像等。

六、教学活动与设计说明

Activity 1 Lead in

1. Teacher asks students several questions to check what they know about Guangxi, Guilin and the Longji Rice Terraces.

（1）Which place in China is home to Zhuang and Yao people?

（2）Which city would you like to visit in Guangxi?

（3）How much do you know about the Longji Rice Terraces? Why is it called Longji Rice Terraces?

设计说明：教师通过问题链，了解学生对广西壮族和瑶族以及龙脊梯田等相关背景知识的认知情况。

Activity 2 Predict and verify

1.Students look at the title and the pictures to predict what the text talks about.

2.Students raise some questions that they want to know about the text, such as the following ones.

（1）Why do they grow rice on terraces?

（2）How do they grow rice on terraces?

3.Students skim the text to check their predictions.

设计说明：首先，学生通过读标题和看图预测文本大意。然后，教师鼓励学生在阅读前提出自己想要了解关于龙脊梯田的相关问题，并把这些问题记录在黑板上。这样既能提高学生的学习主动性，又能让学生带着他们的问题去阅读，提高阅读效率。

Activity 3 Read for main ideas

1.Students read individually and find out the topic sentence of each paragraph. Then they work in groups to discuss the main idea of each paragraph.

2.Based on the main ideas of each paragraph, Students summarize the main idea of the whole text.

设计说明：学生阅读找出段落的关键词或主题句，小组讨论归纳概括段落大意，并基于此概括文本大意。

Activity 4 Read for details

1.Students read the passage again and find out answers to the following questions. They are encouraged to use a mind map to show their answers or opinions if necessary.

（1）What are the colors of the four seasons of the Longji Rice Terraces?

（2）Who created the Longji Rice Terraces?

（3）What problems did the local people meet? How did they solve the problems?

（4）What is the working principle of the Longji Rice Terraces?

（5）What is the value of the Longji Rice Terraces?

2.Students discuss their answers or mind maps in groups.

3.Students present their answers or mind maps in the class.

设计说明：学生阅读文本，获取梳理文本有关龙脊梯田的细节信息，并尝试通过信息结构图来概括整合部分信息，培养获取梳理、概括整合信息的能力。

Activity 5 Explore the author's purpose in writing the passage

Students read and explore the author's purpose of writing this passage and give supportive details.

设计说明：引导学生探索分析作者的写作意图，并且立足文本进行论证，培养严谨的逻辑思维能力。

Activity 6 Correct mistakes and review questions they raised

1.Students read the summary of the passage and do the exercise in page 64 of the textbook.

2.Students try to answer questions they raised at the beginning of the class.

设计说明：学生先完成课本第64页的读后练习。接着，回顾阅读文本之前提出的问题，寻找答案，解除疑惑，从而加深对文本的理解。

Activity 7 Present a talk

1.Students think and share in pairs about the following questions.

（1）Why do the local people still keep their traditional way of growing rice?

（2）What should we do to live in harmony with nature?

2.Every student presents a talk about how to live in harmony with nature.

设计说明：学生进一步讨论并分析当地人利用龙脊梯田保留传统农耕

的意义和我们应当采取哪些措施与大自然和谐共处，加深对主题的理解。

Activity 9 Assignment

Students write a passage to give examples of how people live in harmony with nature.

设计说明：学生通过课后查阅资料，写一篇文章举例说明人类如何与大自然和谐共处，进一步内化语言，深化对主题的理解。

七、专家点评

该教学设计主要通过探究语篇的整体布局、逻辑层次、段落大意、主题内涵等来启发学生深入思考，利用所学创造性地探究主题意义。

课堂活动围绕龙脊梯田展开，教学设计主线清楚，逻辑清晰。从导入到各种活动设计，旨在帮助学生逐步实现对文章主线的把握。教师注重对学生自主学习能力的培养，如在阅读前，通过让学生预测文本，并提出想要知道的问题，充分调动学生的学习自主能动性，激发了学生的阅读兴趣，促使了主动阅读的发生。

课堂中，教师注重训练学生的阅读技能，比如教师会注重引导学生如何从语篇各段落中寻找主题句，并依据主题句概括各段落大意，最后再概括归纳整个文本的主旨大意等。

总之，这是阅读与思考深度融合的课型，以发展学生的语言能力和思维品质为核心，实现了用所学语言知识与技能解决实际问题的转变，突出了单元主题。

外研版必修二 UNIT1

A CHILD OF TWO CUISINES

授课教师：段淑芬

授课对象：华二黄中高一学生

课　　型：阅读课

时　　长：2课时

一、文本解读

1.主题语境：人与社会——历史、社会与文化——多元饮食文化。

2.语篇类型：记叙文。

3.文本分析：本单元的主题是"人与社会"，涉及多元饮食文化和健康的饮食习惯。本文为主题理解板块的语篇，旨在引导学生了解中外饮食文化的异同，丰富对饮食文化的认知，深入思考健康饮食和生活习惯的关系，增强跨文化意识，理解和包容多元饮食文化，反思和改进自己的饮食习惯。

【What】本文讲述了一个中英跨国家庭的饮食故事，以跨国家庭中孩子的口吻介绍了中英两国代表性的食物，以及一家人在饮食习惯上的碰撞与融合。父亲因为母亲喜欢做辣菜爱上了火锅，但却依然不敢吃动物的器官；母亲非常喜欢父亲做的英式早餐和周日烧烤，但是认为烧烤不利于体内的阴阳平衡；儿子从小就能享受来自中英两个菜系的美食，包括猪耳朵和鸡爪，但是对臭豆腐还是有点难以接受。其中，儿子的饮食喜好充分体现了中西饮食文化融合，他最喜欢的是中英结合的下午茶。

【Why】以介绍不同国家的代表性食物开始，展现了丰富多彩的世界美食，丰富学生对饮食文化的认知。通过介绍跨国家庭的饮食习惯，展现了中西方饮食文化的碰撞与融合，引导学生思考饮食文化的多样性，达成对多元饮食文化的理解和包容，培养跨文化意识，养成健康的饮食习惯。

【How】本文是一篇记叙文，讲述了一个中英跨国家庭的饮食故事。文章以两种菜系为主线，以第一人称叙事，以跨国家庭中孩子的口吻介绍了中国和英国的几种有代表性的菜式，以及三位家庭成员对每种食物的不同观点。全文共有六个自然段，第一段介绍了作者的出生背景，第二、三、四、五段叙述了爸爸、我和妈妈各自的饮食喜好以及相关的饮食文化，第六段指出不同的人有不同的饮食习惯，同时强调自己为有双国文化背景而具有包容性的饮食习惯感到自豪，升华了文章主旨。

从微观结构上来看，文章第一段只有一句话，用现在完成时"I've enjoyed food from..."，叙述了作者因为自己的出生背景而喜爱中英两国不同的饮食，为下文的分述作好了铺垫。第二段写爸爸因为妈妈的影响也喜欢上了中国四川的特色饮食——火锅，但因为文化背景差异，爸爸对有些中国饮食还是不能接受。第三段介绍了自己的饮食风格，并用自己的经历举例说明。第四段介绍了爸爸的家乡菜，并用"Mum and I just have to find a way to get him into the kitchen"这句话表明"我"和妈妈对爸爸家乡菜的喜爱，同时也表达了妈妈对吃过多烧烤食物的担忧。第五段讲述了"我"为何第一次到中国，就喜爱上了中国事物。第六段，作者用一句谚语"One man's meat is another man's poison"，告诉读者不同的人有不同的饮食习惯，同时也表明自己因双国文化背景而习惯了中英两国的饮食，并为此感到高兴和自豪。

作者用一般现在时描述家庭成员的饮食喜好，用一般过去时讲述家人饮食变化的经历，用现在完成时表达了家庭文化对相互之间的影响，如"I've enjoyed..." "Dad has come to..."等。文章中还有大量的情态动词和短语，如"dare not" "must have thought" "can" "have to find" "had better not" "could deal with" "needn't"等。此外，作者还使用一些表达对饮食喜爱的词和短语，如"enjoy""has sweet memory of""be surprised by""be shocked at""take to eating""love""be amazed to"等。

除了文章本身，该板块的读前导入活动介绍了不同国家和地区的"黑暗料理"，有助于激发学生兴趣，提前熟悉话题，为课文学习作铺垫。

二、学情分析

授课班级学生具备基本的阅读理解能力，如寻找细节信息、理解主旨大意等，并能就所读材料发表自己的看法，进行简单的评论。但因刚进入高中两个多月，仍在不断适应全英语课堂，用英语表达自己的想法和观点的能力仍需加强。

学生虽然对中西饮食这一话题很感兴趣，但对其背后的文化差异、文化冲突、文化融合了解不多。本课的学习，有利于他们体会饮食差异背后的文化差异与文化冲突，形成跨文化意识，包容和尊重不同的文化。

三、教学目标

通过本节课的学习，学生能够：

1.准确理解和阐述标题的含义,运用思维导图梳理概括中英两国菜系的典型食物。（A3概括与整合）

2.通过课文内容，推断文中人物对于不同食物的观点态度。（A2获取与梳理）

3.以访谈的模式展示人物对食物的观点和饮食文化的理解，分析不同国家饮食文化的异同，思考如何对待文化差异，培养跨文化意识，欣赏不同国家的饮食文化。（B1描述阐释，C3批判评价）

4.以小组为单位写一篇报道，向外国友人介绍中国传统美食及其文化内涵，坚定文化自信心，增强民族自豪感。（C2创造想象）

四、教学重难点

1.教学重点：

引导学生厘清事实细节，绘制思维导图展示中英代表性食物以及文中父亲、母亲和孩子对这些食物的不同观点态度。

2.教学难点：

引导学生分析不同国家饮食文化的异同，思考如何对待文化差异，培养跨文化意识，欣赏不同国家的饮食文化。

五、教学资源

课件，黑板等。

六、教学活动与设计说明

Activity 1 Lead in

Students talk about the following questions and share their answers in class.

（1）Which kind of Chinese food impresses you? Why?

（2）What western food have you eaten before?

设计说明：通过让学生谈论这两个问题，引入饮食这一话题，激活学生已有的背景知识，为课文学习作铺垫。

Activity 2 Read for information

1.Read the title of the passage and share your understanding of it.

2.Look at the pictures and guess what of the TWO Cuisines are mentioned in the passage?

3.Skim the passage and see if your understanding is correct.

4.Draw a mind map to show the information about the typical cuisines of the two countries.

设计说明：激活学生已有的知识，使其熟悉主题并训练学生略读的阅读技巧，提高对信息的整理和分析能力，思考家庭饮食习惯的碰撞和融合。

Activity 3 Have a summary of the main idea

Teacher asks students to summarize the main idea of the passage.

设计说明：引导学生通过对问题的理解，总结出文章的大意。

Activity 4 Read for details about opinions

1.Students read the passage again for the family's opinions about the food.

2.Teacher encourages students to discuss the eating habits of the two countries and cross-cultural families by using"likes""dislikes""because"and so on.

设计说明：训练学生定位文中人物对不同食物的态度，学会评析两国和跨文化家庭的饮食习惯。

Activity 5 Role play an interview

1.Teacher asks students to role play an interview about the family's experiences and opinions about two cuisines and food cultures.

2.Teacher invites some groups to role play the interview and discuss some questions about the saying——One man's meat is another man's poison.

（1）How do you understand the saying?

（2）Do you know of any similar sayings in Chinese?

设计说明：引导学生认识到饮食的差异就是文化的差异，学会尊重不同国家的饮食和文化。

Activity 6 Project

1.Teacher introduces the project:Jack wants to know more about Chinese cuisines, let's introduce some traditional dishes to him on the blog.

2.Teacher provides some useful expressions and guides each group to complete the project.

3.Teacher shows the evaluation criteria to students and invites some students to be the judges.

设计说明：引导学生从外观、气味、味道等方面描述一道中国传统菜肴，并对某些食物进行评论,使学生在实践应用中内化知识，发展思维，更好地体验跨文化饮食交流意识，欣赏中国饮食文化，增强饮食文化自信。

Activity 7 Think &Share

Teacher helps students review the theme and topic of this unit.

设计说明：通过让学生总结本课所学，更深层次感受食物的价值，并思考如何应对食物带来的文化冲击。引导学生既要尊重欣赏来自其他文化的食物，也要树立文化自信，主动传播中华美食。

Assignment：

Write a short passage about your favourite food with what you learned in class.

设计说明：巩固语篇话题知识，将本堂课的思维发展和语言表达落实到书面写作上，深化主题理解，实现迁移创新。

七、专家点评

该教学设计准确定位了语篇的主题语境和类型，并从语篇内容、语篇结构、语言特征和作者意图等方面做了充分的文本解读。

教学活动设计比较好地遵循了课标建议的英语学习活动观，学习活动基本是从学习理解类到应用实践类，再到迁移创新类。其中，活动二属于学习理解类任务，有助于学生提取和整合文中信息，建立信息间的联系。活动四的设计有助于锻炼学生提取和概括信息的能力和批判性评价的思维，同时也为下一活动作了较好的铺垫。活动五巧妙地设计了角色扮演的采访活动，使得学生有机会实践文中所学的词汇、表达等，内化所学的语言知识和相关信息。活动六既能锻炼学生的语言表达能力，又能帮助学生应对跨文化交际问题，还有助于促进学生的文化自信。

　　总之，该教学设计注重帮助学生理解语篇的丰富内涵、学习围绕主题意义整合的语言知识、培养英语学科能力、形成多元饮食文化意识、提升思维品质，紧扣落实核心素养的目标。

外研版必修二 UNIT 2

THE REAL FATHER CHRISTMAS

授课教师：高峰

授课对象：海南中学三亚学校高一学生

课　　型：阅读课

时　　长：2课时

一、文本解读

1.主题语境：人与社会、社会与文化。

2.语篇类型：书评（议论文）。

3.文本分析：本单元的话题为"Let's Celebrate"。本文为主题理解板块的语篇，旨在引导学生探究圣诞节背后的真实意义，感悟节日内涵，让他们知道懂得奉献和给予才能将爱传递。

【What】本文以书评的形式介绍了英国作家Tolkien所写的《圣诞老人的来信》。在长达22年的时间里，Tolkien一直以圣诞老人的角色为他的孩子写信，向孩子们介绍了圣诞老人、北极熊、麋鹿的快乐生活，也表达了他深深的父爱。在文章倒数第二段和倒数第一段中，作者提到在圣诞期间给予他人礼物的真正含义就是传递爱，并且在生活中要有悲悯之心。最后，作者点题——或许像Tolkien那样的人就是生活中真正的圣诞老人。

【Why】作者写这篇文章的意图有以下几点。首先，想让读者认识、了解Tolkien和他的《圣诞老人的来信》这本书，进一步攫取这本书的内涵，即Tolkien长久以来对孩子的爱。其次，想让读者留住童真并领会圣诞节所传递的赠予精神。

【How】本文是一篇书评，标题"THE REAL FATHER CHRISTMAS"引人深思，谁是真正的圣诞老人，他在哪里？本文围绕这个问题论述了为何Tolkien是真正的圣诞老人。

第一段，作者提到家长们小心翼翼为孩子守护那份圣诞老人所传递的魔法，并在第二段用"That is why..."（这就是这本书的受众喜欢它的原因）的句型连接了第一段和第二段内容，进而介绍了作者Tolkien。在第三段中，作者使用了大量的情态动词，如"Who could it be from?""The children must have been very excited...""Inside, they would find a handwritten letter from..."，将孩子那种推测的口吻、天真的语气、内心对信件的喜爱体现出来。第四段主要讲了北极趣事，让我们知道了孩子深爱着这些信件的原因，其实这就是"魔法"。第五段承接第四段故事内容，但作者用直白的形式（...tells us that...）阐述了《圣诞老人的来信》的真谛。

由于整篇文章是书评，所以当涉及故事性叙述时会用过去时态，涉及客观书评时会用现在时态。

二、学情分析

授课班级大部分学生的英语基础一般，应用实践能力薄弱。学生对Tolkien的小说、电影很熟悉，对圣诞节也很熟悉，但是对圣诞节传递的意义了解得不够透彻。学生可以理解文章大意、提取关键信息，但是欠缺对文本深层次意义挖掘的能力。

三、教学目标

通过本节课的学习，学生能够：

1.获取梳理这篇书评的基本知识，形成知识结构图，并能基于此图，阐述自己推荐这本书的理由。（A2获取与梳理，A3概括与整合，B1描述

与阐释，B3 内化与运用）

2. 分析并论证 Tolkien 是真正的圣诞老人的原因，进一步推理判断 Tolkien 身上的 magic 是什么？（B2 分析论证，C1 推理判断）

3. 根据所学书评中的语言和结构，向朋友推荐一本自己喜爱的书籍。（C2 创造想象）

四、教学重点：

1. 教学重点：

梳理关于本文的信息，包括 Tolkien 的个人信息，信件内容，信件格式等；制作知识结构图，并基于知识结构图复述 *Letters From Father Christmas* 这本书的关键性信息。

2. 教学难点：

分析文章中体现爱与给予的细节信息，并对何为真正的圣诞老人这一话题进行讨论。

五、教学资源

课件，黑板等。

六、教学活动与设计说明

Activity 1　Lead-in

Teacher shows the pictures of letters with cartoons, the envelope and the cover of this book, and asks students the following questions.

（1）What are these letters mainly about?

（2）Where was this letter sent from?

（3）Who wrote this letter?

（4）Do you believe there is a real Father Christmas?

（5）Would the children who read these letters believe there was a real Father Christmas on the Earth?

（6）Who was Tolkien? What was the content of the letter? Why did he write this letter to his children?

设计说明：通过图片和问题链激活学生的背景知识，引出文章的标题，为阅读作铺垫。通过提问及观察学生回答的表现，了解其关于"Christmas"和"Tolkien"的已知，激发未知。

Activity 2 Fast Reading

Students read the passage quickly and answer the following questions.

（1）What is the type of this writing?

（2）Introduce the author of *Letters from Father Christmas*.

（3）Who is this book intended for?

（4）How was the letter like?

（5）What are the contents of the letters?

设计说明：学生通过快速浏览文章，获取文本大意、文本类型、文本特点的相关信息。教师通过学生回答，了解其是否掌握书评写作的特点。

Activity 3 Detailed Reading

1.Students read Paragraph 1−2 and answer the following questions.

（1）What is the magic of Father Christmas?

（2）Why are parents including Tolkien eager to keep magic alive for their children as long as they can?

2.Students read Paragraph 3−4 and answer the following questions.

（1）Why did Tolkien spend a long time to complete the complicated handwritten letter?

（2）How did the letters change?

3.Students read Paragraph 5 and answer the following questions.

What is the true spirit of giving presents at Christmas?

设计说明：通过阅读第一、二段，学生思考并讨论"magic"指什么，是真正的魔法还是保持内心的纯真。通过阅读第三、四段，学生推理判断出文章中隐含的信息，即父亲的爱既在于对信件书写的认真，又在于对信件意思传达的良苦用心。通过阅读第五段，学生分析论证自己的观点。

Activity 4　Discussing

Students discuss the following questions in groups.

（1）Why Tolkien was the real Father Christmas?

（2）As the real Father Christmas, what was his magic used to do?

设计说明：通过第一个问题，引导学生回顾文章第二、三、四段的重点信息，并加以整合归纳。通过第二个问题，引导学生回顾文章第一段和第四、五自然段，并推理判断圣诞老人的"magic"（魔法）是用来做什么的。

Assignment:

Choose one of the following assignments to do.

1.Polish the book recommendation.

2.Write a book recommendation of your favorite book.

设计说明：巩固所学，拓展主题知识，实现迁移创新。

七、专家点评

这篇教学设计中教学目标的制定，紧紧围绕英语学习活动观的三个层次即感知理解，应用实践和迁移创新。教学活动紧紧围绕教学目标完成，教学过程中时刻关注学生的学习情况，如在导入部分，首先通过提问了解学生已有知识情况，进而激发学生已知，从而有针对性地学习未知内容。教学重难点定位准确，教学内容设计层次清晰。按照英语学习活动观的三个层次设计教学活动，符合学生认知水平，注重语言知识的学习与文章结构的整体把握，同时又注重教学活动的组织，以小组活动的形式，真正体现语言学习的交流，在学中用，在用中学。

文章内容挖掘深入，分析透彻，根据学情实际，将文章内容进行整合，使学生更加容易理解和接受，增强了学习效能感，如在活动二中通过问题链让学生总结书评的内容框架，在活动五中进行所学内容的输出。

外研版必修二 UNIT 3

A GAME FOR THE WORLD

授课教师：刘碧珠

授课对象：海南省国兴中学高一学生

课　　型：阅读课

时　　长：2 课时

一、文本解读

1.主题语境：人与社会——文学、艺术与体育——体育运动与健康的生活方式。

2.语篇类型：论说文。

3.文本分析：本单元的主题语境内容为"体育运动与健康的生活方式"。本文为主题理解板块的语篇，旨在引导学生探究足球的起源、足球在全世界流行的原因，增强学生对足球运动的理解，感悟足球运动所蕴含的运动精神，树立通过运动培养健康生活方式的意识和理念。

【What】文章介绍了全世界最受欢迎的运动之一——足球运动。足球最早起源于中国古代，名为"蹴鞠"。今天我们熟知的足球及比赛规则始于英国。规则简单，运动成本较低是足球运动长期受欢迎的根本原因，绿茵场上足球带来的创意和激情是其经久不衰的一个重要原因。足球运动更是人与人之间交流的好方式，它可以让人们放下隔阂、仇恨而联合起来。

【Why】作者希望通过论述，分析足球在全世界广受欢迎的原因，丰富读者们对于足球这项运动的认知，同时引导读者思考和关注足球这项运动所承载的精神和意义。

【How】文章作为一篇论说文，全文的宏观布局是"总—分—总"结构。开篇句 "These days, football is one of the most popular sports in the world" 开门见山地点明了文章的主旨，第二、三、四段是并列关系，分别围绕文章主题去论述足球在全世界受欢迎的具体原因。最后一段总结并升华文章主题，点明足球运动所具有的精神和意义。

从微观结构上来看，文章的行文结构大多是段落首句为观点句，其后几句举例子说明观点。作者在开篇首句提出 "These days, football is one of the most popular sports in the world." 这既是该段的关键句，也是全文的主旨句。第二段的首句 "That football is such a simple game to play is perhaps the basis of its popularity." 是该段的主旨句，后面用 kids 和 Pele 的例子说明足球的规则简单和价格不贵是它风靡世界的根本原因。第三段的 "Another factor behind..." 是该段的中心句，随后举例说明，哪怕只是球员们运用他们的身体来传球、进球或者攻防看上去都那么地让人叹为观止，以及比赛最后得分的突然转折又会给观众带来兴奋和狂欢。第四段的 "What's more, football has become one of the best ways for people to communicate..." 也是该段的主旨句。此段还列举了一战期间，英德双方的在交战了数月后，在圣诞节这一天，两国士兵放下枪炮，来了一场充满时代意义的足球比赛，那是难得的和平时刻。文章最后一段进行了总结和升华。

文中很巧妙地使用了语篇标识语，如第二段中的 "…is the basis of…" "it is also a game"，第三段中的 "Another factor behind …" 以及第四段中的 "What's more" 等的使用，使得段落之间衔接紧密，结构清晰，逻辑顺畅。

此外，作者在文中还使用了 "popular" "simple" "cheap" "to their hearts' content" "popularity" "creativity" "excitement" "amazing" "surprising" "bring people together" 等词汇词块，凸显出他对足球这项运动所持的肯定态度。

二、学情分析

授课班级学生英语水平中等。大部分学生能够利用简单的阅读技巧进行阅读，完成学习理解类活动，即提取和分析文本的表层信息，并完成表层信息整合。但是，部分学生缺乏深层次的阅读技巧与方法，对论说文写作手法不够了解，在挖掘文本深层信息及清晰把握作者写作目的等方面的能力还有待进一步提高。

学生对于体育运动这一主题比较熟悉，但对于足球的起源、足球风靡世界的原因，还是没有深入理解。此篇文本词汇、句式不难，学生能够理解文本大意，但教师仍需引导学生对文本进行分析与判断，促进其完成内化与运用，形成批判与评价的思维能力。

三、教学目标

通过本节课的学习，学生能够：

1.绘制有关足球起源和流行原因的思维导图，梳理概括足球运动的起源和其风靡世界的原因，形成结构化知识。（A2 获取与梳理，A3 概况与整合）

2.基于结构化知识，向全班同学介绍足球风靡世界的原因；基于文本语言，推断作者的写作意图和对足球的态度；归纳作者是如何采用举例等写作手法阐述观点的。（B1 描述与阐释，B3 内化与运用，C2 批判与评价）。

3.介绍一项自己认为风靡中国的运动及其流行的原因。（C3 想象与创造）

四、教学重难点

1.教学重点：

学生阐述说明足球运动的起源和风靡世界的原因，形成结构化知识。

2.教学难点：

学生基于结构化知识，分析文章写作特点和写作手法，并基于所学向他人阐述介绍一项自己了解的风靡中国的运动及其风靡原因。

五、教学资源

课件，黑板等。

六、教学活动与设计说明

Activity 1 Lead in

1.Teacher presents students a short video clip about a football game and asks students several questions below.

（1）What sports game are people watching?

（2）Why do people seem so excited?

2.Teacher asks students what they know about football and football games and guides them to review and learn some words about football games.

设计说明：让学生观看视频并思考为什么人们在观看足球比赛时候会如此疯狂激动，引入话题。接着，提问学生是否了解足球或者足球比赛，并让学生学习了解一些有关足球比赛的基本规则及词汇："90 minutes""11 players""hot trick""captain""referee"，"a yellow/red card""corner flags""hat trick..."激活学生关于足球及足球比赛的背景知识。

Activity 2 Predict and verify

Students read the title and the pictures of the text to predict what it is about. Then skim the text to verify their predictions, and find out the topic sentence of each paragraph.

设计说明：通过预测、核对、找段落主题句等活动引导学生梳理文本，获取文本主要信息，加深对话题的理解，同时训练通过"段首句或首句周围寻找主题句"的阅读技巧，预测内容。

Activity 3　Read and draw a mind map

1.Students read Paragrah 1 and answer the following questions.

（1）What is the origin of the football game？

（2）Where did the modern football start？

2.Students read Paragraph 2–4 again and draw a mind–map. Then based on their mind–maps，introduce the reasons why football is popular in words to themselves, to their partners and to the whole class.

设计说明：学生阅读第一段，梳理有关足球起源的信息。接着，阅读第二至四段并绘制有关足球起源和流行原因的思维导图。然后，通过思维导图，获取、梳理与整合文中有关足球运动起源及其风靡世界的具体原因，构建结构化主题知识。

Activity 4　Learn about the structure and the writing skills of the passage

1.Teacher guides students to pay attention to the discourse marker and the structure of the whole text.

2.Teacher guides students to learn that the writer uses many examples to develop his/ her ideas in this passage and find them.

3.Students read the last paragraph and answer questions below.

（1）What do some people think of football？

（2）How do you understand the sentence "…but one only has to think about the Earth to realize that our planet is shaped like a football"？

设计说明：引导学生关注语篇标识语和文章"总—分—总"的结构特征，学习了解"概述—例证"的写作手法，培养语篇意识和习作技巧。接着，引导学生阅读最后一段，概括人们对足球的看法，并谈论自己对文章最后一句话的理解，培养高阶思维能力。

Activity 5 Explore the author's attitude

Students read the whole text again to find out the author's attitude towards football with the following questions.

（1）What's the writer's attitude towards the football? Find the language to support your idea.

（2）What's the author's purpose in writing the passage?

设计说明：引导学生再次通读全文，关注文中一些表明作者观点态度的词汇词块，如 popular，simple，cheap，to their hearts' content，popularity，creativity，excitement，amazing，surprising，bring people together 等，以探究作者对足球的态度。

Activity 6 Think and share

1.Students watch a video clip of the film *Leap* and answer the following questions.

（1）Why are the volleyball player trying so hard to win the game?

（2）How do you understand "football is much more than just a sport"?

2.Students choose one of the most popular sports in China and talk about the reasons why it is popular.

设计说明：学生观看电影《夺冠》的视频片段，谈论并感受运动员们在体育运动中努力拼搏的精神。引导学生模仿作者的论证方法（概述—例证），谈论一项中国最受欢迎的运动流行的原因，进一步思考领悟足球或者其他体育运动背后所蕴含的运动精神，实现语言学习的迁移与创新。

Assignment：

Design a poster to recommend a popular sport.

设计说明：巩固所学，拓展主题知识，实现迁移创新。

七、专家点评

该教学设计以促进学生英语学科核心素养的发展为目标，根据学生认知水平，设计贴近学生实际生活的情境，激活学生已有知识，结合学生的生活实际及个人经历、体验和感受，引导学生积极主动参与课堂教学活动。接着，引导学生预测、核对、找段落主题句、段首句或首句周围寻找主题句等活动，培养学生的学习能力。然后，通过让学生绘制思维导图，获取、梳理与整合文中有关足球风靡世界的具体原因，构建结构化主题知识，以"self talk""group talk"等方式完善与内化了文本知识。最后，引导学生探究作者对足球的态度等深层次问题的思考与讨论活动，培养学生的高阶思维能力，实现了语言学习的迁移与创新。

总的来说，整个设计，通过学习理解、应用实践、迁移创新等层层递进的一系列活动，逐步引导学生加深对主题意义的理解，使学生在活动中习得语言知识，运用语言技能，阐释足球风靡世界的内涵，评析语篇深层意义，形成正确的价值观和积极的情感态度，进而尝试在新的语境中运用所学语言和文化知识，分析问题、解决问题，创造性地表达个人观点、情感和态度。

外研版必修二 UNIT 4

WHEN HAMLET MEETS PEKING OPERA

授课教师：黄桂红　王敬干

授课对象：万宁中学高一学生

课　　型：阅读课

时　　长：2课时

一、文本解读

1.主题语境：人与社会——文学艺术与体育——舞台与荧屏上的艺术形式。

2.语篇类型：记叙文。

3.文本分析：本单元的主题为"舞台与荧屏上的艺术形式"，旨在引导学生了解中外文化的差异与融合，体会文化的多样性，理解和欣赏中外文化。本文为主题理解板块的语篇，介绍了一名母语为英语的高中生第一次观看京剧版《哈姆雷特》的经历，引导学生感悟中华传统艺术的魅力，增强文化自信。

【What】本文由三部分内容组成：第一部分（Paragraph 1-2）是"看表演前"，作者自诩对戏剧哈姆雷特很了解，为了探究京剧是否因其更短的历史而比莎士比亚的戏剧更好理解，决定去看京剧版的"哈姆雷特"。第二部分（Paragraph 3-4）是"看表演中"，是文章的主体部分，从配乐、服饰、声音、舞台等方面生动阐述了京剧给自己带来的震撼。第三部分（Paragraph 5）为"看表演后"，描述了作者看完演出后的状态，再次表明了京剧的魅力，认为其可以跨越文化的鸿沟。

【Why】向读者介绍京剧独特的艺术形式及其跨越文化的感染力，在展示文化自信的同时，也凸显了中华文化强大的包容能力与创新能力。

【How】宏观结构上，本文按照事件进展展开，第一部分是"观看表演前"，介绍了作者对《哈姆雷特》了解至深的自信和关于京剧会不会比莎士比亚的戏剧更好理解的困惑；第二部分为"观看表演时"，从听看等多种角度描绘了京剧的特征；第三部分为"观看表演后"，从正反两方面表达了京剧跨越文化障碍直击人心的魅力。微观结构上，每个阶段都采用了"叙述+情感"的表述方式。为介绍京剧的独特之处和跨越文化的魅力，文本使用了以下三种语言手段来凸显主题意义。第一，第一人称视角，拉近与读者距离，使叙述更为生活化，增强可信度。第二，副词修饰的形容词的使用，使表达更生动，如"amazing""really unique""really simple""simply incredible""dazzling and energetic""explosive"等。第三，使用多种修辞，如夸张，（...so high that it was sure they could break glass!）对比，（I had never seen Prince Hamlet do a backflip before!）烘托，（Everyone was clapping! I was on the edge of my seat!）等。第四，使用较多感叹句，表示京剧给作者带来的感染和震撼之深，如"I was surprised!""...so high that it was sure they could break glass!""I had never seen Prince Hamlet do a backflip before!""Everyone was clapping!""I was on the edge of my seat!""The Revenge of Prince Zidan ticks all the boxes!"

二、学情分析

授课班级学生学习兴趣浓厚，能接受全英文教学。大部分学生已基本具备在阅读中提取、概括信息的能力。但在整合信息、形成结构化知识方面，描述与阐释，推理与论证等方面的能力还需进一步提高。他们多数不知道著名戏剧《哈姆雷特》有京剧版本，因此在感受京剧的魅力方面会有点困难，需要多模态教学材料的辅助。学生有扫读和查读等基本阅读技能，但对标题内涵的解读不够，不能很好将内容的阅读和语言的学习结合起来。

基于上述情形，教师在教学过程中需要通过问题链和活动链，引导学生梳理文章的事实性信息，品味文章互文之精妙、标题之巧妙、语言之美妙。

三、教学目标

通过本节课的学习，学生能够：

1. 梳理文本，理解每个阶段作者的情感以及标题的含义。（A2获取与梳理）

2. 梳理作者阐述京剧之美的各个角度及其特征并解释原因，体会形容词和修辞手法的灵活使用。（B1描述与阐释）

3. 推断作者是否喜欢京剧《王子复仇记》并加以佐证。（C1推理与论证）

4. 了解京剧传承面临的困境，运用所学知识，向下一届学子介绍京剧。（B3内化与运用，C3想象与创造）

四、教学重难点

1. 教学重点：

通过阅读获取每段的段落大意，并依据思维导图进行口头汇报，内化信息。梳理出作者阐述京剧之美的各个角度及其特征并解释原因，体会形容词和修辞手法的灵活使用。

2. 教学难点：

推断作者是否喜欢京剧《王子复仇记》并加以佐证。

五、教学资源

课件，黑板，学案等。

六、教学活动与设计说明

Activity 1　Warming up

Students watch a video of *Hamlet* and expect how it will be like to show the story in Peking Opera.

设计说明：带领学生观看一段关于《哈姆雷特》的视频，联系学生所熟知的京剧，引入情境，预热话题，激发学生的阅读兴趣。

Activity 2　Pre-reading

Students guess the main idea of the text according to the pictures and tittle, then put the passage into 3 parts.

设计说明：通过预测、核对及划分文章部分，引导学生梳理文本主要结构与内容，获取文本的信息，加深对话题的理解。

Activity 3　While-reading

1.Students read Paragraph 1-2 to know the author was confident and curious before watching the performance.

设计说明：通过引导学生了解作者观看演出前的情感，理解每个阶段作者的情感和标题的含义，为理解后文做准备，同时培养学生获取知识与梳理信息的能力。

2.Students read Paragraph 3-4 to know not only the four aspects of Peking opera（music, character, voice, stage, movement and meaning）, but also how the author thinks of them. Then summarize the "surprised" feeling of the author while he

设计说明：本活动旨在引导学生获取文章的重点细节，了解京剧给作者带来的震撼，梳理出作者从不同角度阐述京剧之美及其特征，培养获取与梳理的能力。

Activity 4 Post-reading

1. Students infer whether the author liked the opera and give their reasons. Teacher guides students to appreciate the writing technique here.

设计说明：引导学生推断作者的观点态度并解释原因；关注作者的写作意图，培养学生的推理与判断的能力。

2. Students retell the author's feelings of *The Revenge of Prince Zidan* and give the reasons.

Students make a mind map according to the logical order of the performance in pairs. Later, teacher asks some groups to make a speech in front of the class according to the mind map.

设计说明：根据思维导图复述作者在观看《王子复仇记》之前、过程中及之后的情感变化及原因，内化结构化知识与课本语言。通过演讲，学生可以进一步内化语言，理解文章的关键表达，体会文本语言之精妙，培养描述与阐释、内化与运用、推理与论证和批判与评价的能力。

3. Think and Share.

（1）In Paragraph 1, the author said " I was full of confidence-until the Peking Opera came to town!" What does it mean?

（2）Why did the author go to *The Revenge of Prince Zidan*?

（3）Why did the author say "*The Revenge of Prince Zidan* ticks all the right boxes"?

设计说明：通过再次阅读文本，深化对课文的理解。设计讨论环节不但能增强学生的文化自信，而且能提高学生的分析与判断、推理与论证、批判与评价等能力。

4.Carry forward the Chinese traditional culture

The Peking Opera is fading away among the young people.Students work as volunteers to introduce it to freshmen in the school.

设计说明：引导学生拓展主题意义，了解京剧传承面临的困境，运用所学知识，向新生介绍京剧，培养想象与创造、内化与运用的能力。

Activiry 5　Summary

Teacher guides students to summarize what they have learnt in this lesson.

设计说明：巩固所学，拓展主题知识，实现迁移创新，深化主题知识理解。

Assignment：

1.Surf the Internet to know more about the Peking Opera and give a report next lesson.

2.Talk about one of your favourite opera in Hainan in terms of the aspects the author shows in Peking Opera.

设计说明：让学生上网搜集有关京剧的知识，增强自主学习能力；或介绍自己最喜欢的一种海南戏剧，实现迁移创新，学以致用。

七、专家点评

该教学设计中，教师对于学情的分析非常详细，在语言知识方面，话题知识方面，以及学生的阅读学习方面都进行了剖析。基于此，在导入部分，教师给学生播放《哈姆雷特》的视频片段，激起学生的学习兴趣和求知欲。在接下来的活动中，教师通过层层引导，使学生在欣赏文本中描写京剧特点的语言时，也厘清了作者观看京剧前后的情感变化。在复述环节，让学生根据思维导图复述作者在观看《王子复仇记》前中后的情感变化和原因，内化结构化知识与课本语言，培养描述与阐释、内化与运用、推理与论证和批判与评价的能力，同时感受中华传统文化之京剧的魅力，坚定文化自信。

总的来说，整个教学设计环节，围绕着教学重难点层层递进，以主题意义为引领，语篇为依托，按照英语学习活动观的三个层次设计教学活动，一步步引导学生参与课堂活动，让不同层次的学生都能去参与、去思考、去讨论，真正地将课堂交还给学生。

外研版必修二 UNIT 5

BLOGGING AUSTRALIA

授课教师：杨飞　陈惠
授课对象：海口市琼山中学高一学生
课　　型：阅读课
时　　长：2课时

一、文本解读

1.主题语境：人与自然——自然生态——旅行。

2.语篇类型：访谈。

3.文本分析：本单元的主题是"人与自然"，本文为主题理解板块的语篇，旨在引导学生了解澳大利亚的风土人情和地理知识，感悟和评价博主对于人与自然环境关系的思考，树立和强化人与自然和谐相处的意识。

【What】本文讲述了一位职业摄影博主与西澳大利亚州的渊源，以及她的摄影经历引发了她对人与自然环境关系的思考。

【Why】作者发表此篇博文，旨在与粉丝分享自己对摄影职业、自然和动物的热爱，以及对于环境保护的认识，也希望通过自己的言行影响读者爱护大自然。

【How】本文以访谈的形式，一问一答，介绍了一位职业摄影博主的工作内容、她与西澳大利亚州的渊源及其对环保的看法。首先Lauren讲述了自己喜欢旅行和拍照，并把拍摄的照片发布在博客上，这种爱好让她决心做一名职业摄影博主。接着Lauren提到她是如何爱上了西澳大利亚，表达了对那里未被破坏的自然风光的喜爱。然后，Lauren分析了旅行、拍照对写博客的影响。最后，Lauren分享了摄影工作对于环境保护的意义的看法。文章每一段都是先提出问题，再作出回答，看上去每段都是独立的，但实际上每段之间存在着一定的联系，是层层递进的关系。

文本在语言上也有较为显著的特征。由于是发在博客上的访谈内容，所以文本既保留了一问一答的形式，也关注语言的可读性。文本通过一些简单的、口语化的词汇清晰地表达了作者的观点和态度，如"I was determined to make my dream come true..."一句中通过determined体现了作者想成为职业摄影博主的决心；"my best work trip ever was to Broome in ..."一句中通过best表达了旅行给作者留下了深刻印象，并对她写博客起了重要作用；在"To work full time in travel, you have to love nature"一句中用了have to，表达了从事摄影工作必然要热爱大自然。

二、学情分析

授课对象班级学生的英语水平参差不齐，大部分学生具备对文本信息的提取、概括能力，仅有个别同学能用英语比较自信地表达观点，具备自主建构结构化知识的能力。不过学生普遍对旅游这一话题感兴趣，对与旅游、自然、摄影和环保相关的词汇有一些积累。但学生对旅游的意义理解不够深入和全面，同时在组织语言围绕旅游话题进行深入探讨上存在较大困难。

三、教学目标

通过本节课的学习，学生能够：

1.通过讨论、略读等活动激活与旅游相关的知识，获取文章大意。（A1感知与注意，A3概括与整合）

2.借助思维导图理解采访话题的内在逻辑，学习并掌握与话题相关的

语言知识。（A2获取与梳理，A3概括与整合，B1描述与阐释，B3内化与应用）

3.基于文本内容，联系生活实际，运用语篇所学和已知的语言知识谈论与旅游相关的话题。（B2分析与判断，C2批判与评价，C3想象与创造）

四、教学重难点

1.教学重点：

引导学生在准确理解作者观点的基础上，对人与自然环境关系进行思考，逐渐形成学生自己的观点。

2.教学难点：

引导学生对人与自然的关系进行思考并发表自己的看法。

五、教学资源

课件，黑板等。

六、教学活动与设计说明

Activity 1 Lead in

1.Students discuss the meaning of the saying "Travel broadens the mind" in groups and give some examples to support their opinions, and note down some main points.

2.Some students share their opinions in class.

3.Teacher shows the map of Australia and introduces Western Australia to students.

设计说明：引导学生围绕一句谚语的含义进行讨论，并分享有关旅游意义的观点，激活学生的旅游相关知识，探究旅游意义。教师介绍澳大利亚的地理知识和自然风光，激发学生阅读文本的兴趣。

Activity 2　Predict

Students scan the whole passage to predict what it is about. Teacher can gives students some tips with the following questions.

（1）Where is the passage from?

（2）Whose blog is it?

（3）What may Lauren Bath do on her blog?

（4）What do you think the passage may be about according to the title "Blogging Australia" and the photos?

设计说明：引导学生通过浏览、观察发现语篇的宏观特征，判断语篇类型，预测语篇内容，为快速进入下一个阅读环节奠定基础。

Activity 3　Read for the main ideas

1.Students read the interview and choose the correct "question" for each paragraph, and then share their answers in class.

（1）What do you love most about Western Australia?

（2）What is your connection to Western Australia?

（3）Who are you and what do you do?

（4）Does your photography support environmental protection?

（5）How does your love of nature influence your photography?

2.Students choose the best description of the interview, and then share answers and explain for their decisions.

设计说明：引导学生通过略读等阅读技巧概括语篇各部分大意，并为采访内容的每个部分选出正确的"question"。然后，在联系各部分内容的基础上有理有据地分析和判断出文章的大意，对语篇内容形成一个整体的理解。

Activity 4 Complete a profile

1.Students read the text again and complete the following blogger profile with words and expressions in the passage.

Star Blogger

Name _____ *Lauren Bath* _____

Previous job [1] _____

Present job [2] _____

Number of fans [3] _____

Favourite place to visit [4] _____

Subject of photos [5] _____

Example of important work and its story

Lauren Bath is using her photography to make people aware of [6] _____. For example, one of her photos shows a crocodile that is used to passengers [7] _____ and is becoming [8] _____. Over time, this could make her [9] _____ to humans. People should stop [10] _____.

2.Students work in pairs to introduce the star blogger on the basis of the profile.

3.Teacher asks one student to give a presentation in the class.

设计说明：引导学生通过完成结构化的博主个人档案，获取、梳理与整合文中有关 Lauren 作为职业摄影博主的工作内容、与西澳大利亚的渊源及她对自然和环保的看法等细节内容，形成与主题相关的结构化知识，再通过 pair work 的形式介绍明星博主的活动，内化结构化知识。

Activity 5 Think & Share

Students discuss the following questions in groups. Teacher encourages students to share their opinions in class and gives help or share his or her own ideas if necessary.

（1）Why was Lauren Bath determined to change from being a chef to a photographer?

（2）How do Lauren Bath's travel experiences influence her and the readers of her blog?

（3）What other jobs involve traveling? Which do you like most? Why?

设计说明：本活动旨在鼓励学生深入分析Lauren对摄影热爱的原因及她所从事的工作的意义，进而深刻理解文章主题，引导学生联系自身实际思考是否可以在追逐梦想的同时关注爱护自然，实现知识和思维能力的拓展和迁移。

Assignment：

1.Learn more about Lauren Bath on the Internet.

2.Write a short passage titled "A Great Job".

3.Write a blog titled "Blogging Haikou" with your own photos or photos from the internet .

设计说明：迁移创新类活动，让学生关注自己生活的城市的自然之美，尝试模仿所学文本，开设自己的摄影博客。

七、专家点评

该教学设计利用文本自身特点，层层引导学生深入学习。首先，让学生对文本提供的谚语的意义进行讨论，并分享学生有关旅游意义的观点，激活学生旅游的相关的知识。接着，创设探究旅游意义的情境，进而激发学生阅读文本的兴趣。引导学生通过浏览、观察发现语篇的宏观特征，判断语篇类型，预测语篇内容，为下一步的阅读活动做准备。结合文体特点，引导学生通过略读等阅读技巧概括语篇各部分大意；通过思考提问分析问题的内在逻辑，对语篇内容形成一个整体；通过完成博主个人档案，获取、梳理与整合文中有关Lauren作为职业摄影博主的工作内容、与西澳大利亚的渊源以及她对自然和环保的看法等细节内容，将词汇、表达等形成与主题相关的结构化知识。然后，通过pair work的形式介绍明星博主的活动，内化知识，培养学生信息获取、梳理以及整合的能力。在Think & Share的活动环节中，引导学生深入分析Lauren决定成为专业摄影师的原因以及她所从事的工作经历带给她自己和读者的影响，培养思维品质，深刻理解和感悟文章的主题。同时引导学生联系自身实际，结合已有的生活经历思考哪些工作跟旅游有关系，认识到在追求梦想的同时也要关注自然、爱护自然。在作业布置环节，引导学生应用新媒体博客的形式，模仿文本页面搭配，加上自己亲手拍摄的或互联网上找到的海南自然风景或野生动物，写一篇图文并茂的博文，实现知识和思维能力的拓展和迁移。

　　总体来说，本课的教学设计以主题意义为引领，围绕课文内容，层层引导学生完成语言输入到输出的过程，并拓展学生的思维，引导他们在做中学，达到了预期的效果。

外研版必修二 UNIT 6

EARTH FIRST

授课教师：李贤金　谢克霞

授课对象：儋州市第一中学高一学生

课　　型：阅读课

时　　长：2课时

一、文本解读

1.主题语境：人与自然——环境保护——关爱地球。

2.语篇类型：说明文。

3.文本分析：本单元的主题是"人与自然"，涉及关爱地球、保护环境。本文为主题理解板块的内容，课文围绕"鲨鱼是危险的动物还是濒危动物"这一问题展开讨论，引发人们对保护海洋动物这一话题的关注，同时渗透人与自然和谐共处的情感、态度与价值观。

【What】本文围绕"鲨鱼是危险的动物还是濒危动物"这一问题展开讨论，引发人们对保护海洋动物这一话题的关注。文章讲述了《大白鲨》这部影片里鲨鱼袭击人的场面，使人们对大白鲨是危险动物的印象更深，从而导致人们对其进行捕捉杀害。人类的捕鲨行为给鲨鱼带来了灾难，导致全球鲨鱼的数量锐减。后来，随着对鲨鱼的进一步了解，人们逐渐意识到鲨鱼是濒危动物，对鲨鱼的态度也开始有了变化，越来越多的人愿意去保护它们，使它们免遭灭绝。

【Why】作者写濒危动物大白鲨的遭遇，目的是引发人们关注海洋动物保护，正确看待人类与动物的关系，增强保护动物的意识。

【How】本文语篇类型为说明文，课文结构清晰，采用"分—分—总"的结构。文章开头描写1975年上映的《大白鲨》电影片段，呈现了鲨鱼攻击人类的残酷景象，用 is pulled underwater，surfaces，cries in fear，disappears forever 等动词词块描写人类被鲨鱼攻击的恐惧和无助,加深了人们对大白鲨是一种危险动物的固有印象，此部分采用如下表达：It strengthened people's long-held idea of the great white shark as a dangerous animal。以至于一些人则开始无所顾忌地捕杀鲨鱼，甚至认为鲨鱼死有余辜。"nobody cared if sharks were killed, or how many were killed. People just wanted them killed" 成为鲨鱼数量减少的原因之一，为下文描述鲨鱼是濒危动物作好铺垫。第三、四自然段主要讲述鲨鱼是濒危动物。第三自然段承接第二自然段的作者的言外之意，在 "This was not only due to fear of sharks, but also finning" 一句中讲述鲨鱼数量锐减的两大原因，一是人们对鲨鱼的恐惧，二是采割鱼鳍。用 fell quickly，fell around the world，kills millions of sharks 说明鲨鱼数量急剧减少；用 was caught，cut off，thrown back into the sea，die slowly and painfully，was covered with dead sharks，saw sharks being kill 描写采割鱼鳍场景以及人类对大白鲨的无情，与文章开头鲨鱼袭击人类的场景形成鲜明对比。而第四段以《大白鲨》原著作者本奇利的所见所感和行动来呼吁人们保护鲨鱼。用 caused a deep changed in him，came to see people as a danger to sharks，admitted that his book was wrong about sharks，fought to protect sharks 等一系列动词词块说明本奇对鲨鱼的认知和态度的转变，以及他保护鲨鱼的行动，是文章内容生动形象。第五段为总结段落，作者阐释了自己的观点，即看待事物要理性，不能因害怕鲨鱼而对其进行猎杀，而是换个角度去了解它们，保护它们，如文中所述 "...as we learn more about sharks, more people than ever want to protect them from extinction."

二、学情分析

授课班级大部分学生英语基础较好，思维活跃，学习热情高，能在教师的指引下深度理解课文并进行迁移创新，但也有部分基础较弱的学生在独立完成迁移创新方面有一定难度。

大部分学生对鲨鱼的印象都是凶残危险的动物，如多数影视作品所呈现的那样。通过本课的学习，学生会转变对鲨鱼的认知和态度。本文长难句不多，学生理解文本或句子大意没有太大问题，但有分词做定语、状语的情况，需要教师的引导，学生才能真正理解、体会语言的精妙和及其语用功能。

三、教学目标

通过本节课的学习，学生能够：

1. 对文章结构进行梳理，完成文章的结构图，能够深入理解课文。（A2 获取与梳理；A3 概况与整合；B1 描述与阐释）

2. 分析文章结构，厘清作者的写作意图和保护野生动物的观点态度，归纳作者用情景描写贯穿全文的写作手法及其所想要阐述的观点。（B1 描述与阐释，B3 内化与运用，C2 批判与评价）

3. 完成一系列问题链，认识到鲨鱼虽是危险的，但也是濒危的，树立保护海洋动物的意识。（C1 推理与论证，B3 内化与运用，C3 想象与创造）

四、教学重难点

1. 教学重点：

引导学生对文章结构进行梳理，分析文章结构与逻辑，厘清作者的写作意图和保护野生动物的观点态度，达到深入理解课文的目的。基于课文内容联系生活实际，谈自己对鲨鱼濒危的看法，渗透人与自然和谐共处的情感、态度和价值观。

2.教学难点：

引导学生运用批判性思维分析课文，谈谈自己对鲨鱼的看法，形成对文章主题思想的理解。

五、教学资源

课件，黑板，视频等。

六、教学活动与设计说明

Activity 1　Warming up

1.Teacher shows a shark's picture and asks：What do you know about sharks? Let the students think and say.

2.Teacher asks students to compare the words that they think about sharks with the words in the textbook.

设计说明：引出话题，激活学生已有的语言、背景知识，激发学生学习兴趣，并做好语言上的铺垫。让学生关注并对比自己所认为的和文中所给的关于形容鲨鱼的词汇，加深对鲨鱼形象的描述。

Activity 2　Reading

1.Pre-reading

Ask students to pay attention to the two words, dangerous and endangered, and predict their difference.

（1）Which one may the author focus on, dangerous or endangered?

（2）What style is the article, narration, argumentation or exposition?

2.While-reading

Students complete the following tasks.

（1）Students skim the passage to check their prediction.

（2）Students read to sum up the main idea of the each paragraph with key words and draw a mind map to show the structure of the text as follows.

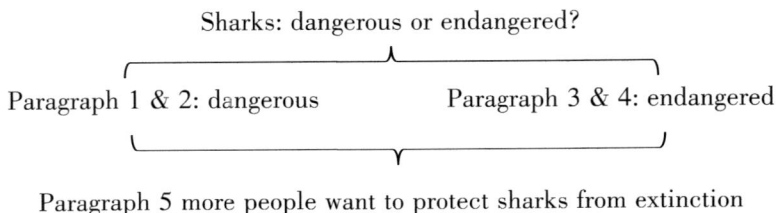

Sharks: dangerous or endangered?

Paragraph 1 & 2: dangerous   Paragraph 3 & 4: endangered

Paragraph 5 more people want to protect sharks from extinction

（3）Students underline the key words that show sharks are dangerous or endangered, and people feelings and attitudes towards sharks, and add the key words to their mind map.

（4）Students retell the text based on their mind map.

3.Post-reading

Students think and discuss the following questions.

（1）Why does the writer mention the film Jaws and Peter Benchley in the text?

（2）How do you feel about the scenes of "sharks attacking people" and "sharks being killed" for their fins"?

（3）How and why has people's attitude towards sharks changed?

设计说明:引导学生精读课文、梳理细节、整合信息。以问题链的形式,帮助学生深度理解主题和语篇,体会文章"情境描写"在烘托气氛,呈现观点方面的作用,实现意义探究与语言学习的融合。

Activity 3 Think and share

Students discuss the following questions in groups and then share with the whole class.

(1)After reading the text, have your impression of and attitude towards sharks changed？ How and why？

(2)What do you think we can do to protect sharks?

(3)How do understand the saying "When the buying stops, the killing can, too".

设计说明：引导学生基于课文内容联系生活实际与个人体验，正确看待人类与野生动物的关系，增强保护动物的意识，渗透人与自然和谐共处的情感和价值观。

Activity 4 Summary

Teacher guides students to make some conclusions. First, environmental protection is an eternal topic and a tough job. Second, there is a lot for all of us to understand and do. Third, take actions now to understand the creatures on the earth and to protect the earth.

设计说明：观看一些关于人与动物的电影短片，呼吁学生保护环境，达到感情升华，形成对文章主题思想的深度理解。

Assignment

1.Do research on how to protect sharks.

2.Continue writing the passage to offer ways to protect sharks. You can start your writing like this：

Some measures have been taken.

...

Also, you can ...

设计说明：培养学生的迁移创新能力，引导学生基于本课所学所获，提出保护鲨鱼的措施，并形成文字材料提交，提升他们的语言应用能力。

七、专家点评

　　该教学设计目标设定合理，从知识的获取到思维的培养以及能力的提升，符合学生实际，同时也遵循教育教学规律，为教学目标实现的达成起到关键作用。

　　教学过程的实施采用活动设计形式，每个活动都为教学目标的达成服务，紧紧围绕教学目标进行。热身部分采用激活学生已有知识，包括有关大白鲨的背景知识和语言，为后面的学习作好铺垫，这部分的亮点在于学生通过已有知识与文中所给知识的对比，让学生对于大白鲨的印象更加深刻。进入阅读活动，读前预测，读中印证，根据文章细节内容，逐段进行分析和理解，使学生在整体把握文章内容的基础上，通过结构化梳理，更加深刻的理解文章。同时，关注文章中语言的表达，为学生的输出作好铺垫。设计中迁移创新部分采用问题链形式，帮助学生深度理解文本后，结合自身生活实际，发表自己对于环境保护的看法和观点。通过本节课的学习，学生在课堂上感受着大白鲨的悲催遭遇，思考着如何进行保护野生动物，从而触及学生心灵，引发学生共鸣，形成个人价值判断。在作业布置方面，进一步加深学生对于大白鲨保护措施的思考，培养保护野生动物的意识。